Ⓢ新潮新書

浦久俊彦
URAHISA Toshihiko

悪魔と呼ばれたヴァイオリニスト

パガニーニ伝

775

新潮社

はじめに

それは、一枚の絵画との出会いからはじまった。

その絵をはじめて見たとき、まだ小学生だったぼくは、実在した音楽家の肖像画だとはとても信じられなかった。学校の音楽室の壁に掛かっているような、偉大な音楽家の肖像画とはまるで別物だったからだ。

黒いマントに身を包んだひとりの男が、暗闇のなかでヴァイオリンを弾き鳴らしている。口元は奇妙に歪み、その姿はまるで幽霊か怪人のようだ。

はじめは、その絵に描かれているのが誰かすらわからなかった。ただ、音楽の世界に狂気とか悪魔とかいう闇が潜んでいるということを、子供ながらに感じた。絵のなかから巨大な手が伸びてくる夢をみて、夜中に眼が醒めたこともあった。

いま思えば、音楽という謎のひとつの扉が、あの一枚の絵によって開かれたのだった。

もう五十年近くもまえのことだ。

しばらくして、絵に描かれているのが「パガニーニ」というちょっとおどけたような名前の人物だとわかると、怖いものみたさ（聴きたさ？）に、その音楽をどうしても聴いてみたくなり、冬の寒い朝にレコードを買いに走った。

たしか、彼の代表作として知られる『無伴奏ヴァイオリンのための二十四のカプリス』のレコードだった。ヴァイオリニストが誰だったのかは覚えていないが、針を降ろした瞬間の、あの狂おしい絶叫や、悲痛な呻きのようなヴァイオリンの声（音ではなく、あえて声と書く）は、いまだに忘れられない。

ぞっとした。鳥肌が立った。弦と弓による嘆きは、それまで耳にしていたヴァイオリンの甘い調べとはまるで別物だった。レコード針を震わせていたのは、楽器の音などではない。まるで怪人の咆吼だ。音が耳ではなく肌から滲み込んできたような感覚は、はじめてだった。

音楽を聴きながらみていたありふれた日常的な光景、たとえば自宅の居間に掛かっていたカーテンの柄とか、テーブルの木目が異様な模様に映ったとか、どうでもいいことが、なぜかはっきりと眼の奥に焼き付いている。

そのときから、ヴァイオリンは、ぼくにとって魔性の楽器になった。

そんなぼくが、あろうことかパガニーニを書くことになった。なぜ書きたいと思ったのか、いまだによくわからない。ただ、その「わからなさ」こそが、ぼくにこの本を書かせる最大の動機になったこともたしかだ。

パガニーニとは、はたして何者なのか。

ニコロ・パガニーニ。その驚異的な技巧でヨーロッパ中を狂乱させ、「悪魔」と呼ばれたヴァイオリニストである。ナポレオンの妹など貴婦人たちに囲われ、博打と酒と女に溺れた守銭奴。ヴァイオリンを片手に、かつてどんな音楽家も夢見ることすらできなかった巨万の富を築き、病弱で干からびたように死んでいったひとりの音楽家——。

ひとつ確かなのは、西洋音楽の象徴的な楽器として誕生したヴァイオリンの五世紀に及ぶ歴史のなかで、パガニーニに匹敵するヴァイオリニストは、現在にいたるまでただのひとりも現れなかったということだ。

考えてみれば、これは凄いことだ。だが、その人物像を知ろうとしても、なぜかはっきりしない。ベートーヴェンとほぼ同時代を生きた歴《れっき》とした近代人でありながら、パガニーニには謎めいたところばかりだ。

なにせ「悪魔」と呼ばれたヴァイオリニストである。そのニックネームのせいもあってか、怪しげな逸話とか、虚実が混ざり合ったようなエピソードが、いまだにひとり歩きしている。

たとえばこんなぐあいだ。人を酔わせる技巧と引き替えに悪魔に魂を売り渡したとか、演奏する彼を悪魔が背後から操っていたとか、演奏しているときに身体が宙に浮いていたとか……。彼の演奏を実際に聴いたという人々の証言も、伝記に登場する逸話の数々も、だいたいはこんな怪しげなものだ。

蜘蛛のような腕が異様に長く、やせ細った不気味な風貌と無表情で無口な性格も、彼の怪しげな悪魔伝説に尾ひれを付けた。黒いマントに身を包んで、ロウソクが灯る薄暗い舞台に登場し、固唾をのんで静まりかえる客席をじろりとにらみつけると、観客は震えあがったという。にらみの市川海老蔵も顔負けである。

きわめつきは亡くなったときの逸話だ。キリスト教会を憎悪していた彼は、死後、教会から埋葬を許されず、数十年にわたって遺体のまま各地をさまようことになる。遺体が安置された地中海の港では、夜な夜な海辺からヴァイオリンのすすり泣きが聞こえてくるという噂もささやかれる。ここまでくると、もはや江戸川乱歩の怪奇小説とか、ガストン・ルルーの『オペラ座の怪人』の世界である。

伝記に登場するようなエピソードでさえこのありさまだ。パガニーニをまともに描いた書物は、世界中を見渡してもあまりない。ましてや日本ではほぼ皆無である。

これまでに日本語で刊行されたパガニーニの評伝は、翻訳された伝記がたった一冊のみ。それもいまから半世紀近くまえの一九七〇年に刊行されたもので、もはや絶版されて久しい。日本でパガニーニの評伝を書いた人は、おそらくまだ誰もいないはずだ。

ということで、パガニーニを書くと決めたのはいいが、まずは体系的な資料集めである。バッハやベートーヴェンなどと違い、パガニーニには国際的な研究機関が多くあるわけではないので、伝記的事実が精査されぬまま放置されている例も多い。

それにしても、資料を集めながら驚いたのは、伝記、研究論文、書簡集などの関連資料のほかにも、直接関係ないと思われる当時のヨーロッパの歴史資料や、社会、風俗、経済にかんする資料のなかに、パガニーニの名前があまりにも頻繁に登場してくることだった。彼がいかに当時ヨーロッパの流行の最先端にいたかがわかる。

これは現実の世界のことだけでなく、架空の世界でもそうだ。たとえば、かの名探偵シャーロック・ホームズの物語に、相棒のワトスンを相手にホームズがパガニーニのエピソードを延々と語り聞かせるというシーンがある（邦題『ボール箱』）。

ヴァイオリンの名手としても名高いシャーロック・ホームズのことだから、どこかにパガニーニが登場してもおかしくないはずと調べながらも、まさかほんとうに見つかるとは思っていなかったので、文章のなかに「パガニーニ」という文字を発見したときは、まるで推理が的中した名探偵のような気分になった。

そもそも、探偵の職業には不要な知識だとかいって、記憶からコペルニクスの「地動説」を排除するような実践主義者の天才の頭のなかに、一時間以上も語れるほどのパガニーニにかんする豊富な情報が埋め込まれていたことは、シャーロキアンでなくとも驚きである。だがいいかえれば、これは当時のイギリスで、パガニーニがいかにポピュラーな人気を博していたかの証と読むこともできる。

この物語が発表されたのは、一八九三年一月。パガニーニの没後、すでに約半世紀が経過していた。著者のコナン・ドイルがこの物語を書いたとき、すでにイギリスではパガニーニの名声が確立していたということになる。

このように、周辺資料のあまりの多彩さに目を奪われていると、ときに意外な発見があっておもしろいが、脱線しながらも延々と続くかに思われた資料集めがようやく一段落して、いよいよ書きはじめようとしたときのことだ。

なぜか筆がまったく動かないのだ！　まさか悪魔のしわざでもあるまいにと訝りながら何度も書いては消してを繰り返してみたものの、どうにも筆が進まない。

頭を抱えていたある日。ふと、パガニーニのヴァイオリンを、ぼくはまだ見ていなかったことに気付いた。ヨーロッパに二十年以上も暮らして、いっぱしのヨーロッパ通のつもりでいたが、あろうことかパガニーニが生涯けっして手元から離さなかったという、彼の分身ともいえる楽器の実物を、ぼくはまだこの眼で見ていなかったのだ。

うかつだった。まぬけとしかいいようがないが、いったんそれに気付いてしまうと、もうどうしようもない。パガニーニのヴァイオリンを、何としてもこの眼に焼き付けておかねば、最初の一行が書きはじめられない。そんな想いが片時も頭から離れなくなってしまった。

それから約一年後。仕事で南フランスに出張した折りに、パガニーニの故郷であり、彼のヴァイオリンがいまも眠るイタリアのジェノヴァまで足を伸ばし、そこでようやくパガニーニの愛器「カノーネ」（日本語では『カノン砲』。クレモナの名匠グァルネリ最晩年の名器）に対面することができた。それはあまりにも鮮烈な体験だった。

その楽器は、人を惑わせる妖しい光など放ってはいなかった。まるで時の襞に吸い込まれるようなおだやかな艶を湛えた、息を呑むほどに美しい楽器——。これが、パガニーニの愛器カノーネをまのあたりにした、ぼくの率直な第一印象である。悪魔の楽器なという、自分のなかにいつのまにか巣くっていた固定観念をあっけなく覆すほど、それは静かな佇まいの楽器だった。

震えるほど感動した。まさか一挺のヴァイオリンにこれほど心を動かされるとは思わなかった。それは博物館に展示されるような歴史的遺産というよりも、鎖を解き放てばいまにも襲いかかってくる猛獣のようだった。たったひとりの主人を失った獣が飼主を探し求めるように、数百年を経たいまも、まるで血が通った生物のように躍動していた。どくどくと脈打ってさえいるように感じた。

生々しさだけではない。そこには、不思議と澄み切った静寂と、凛とした美しさがあった。まるで名匠の手になる太刀の鋭い刃先のようでもあった。誰もいないしんとした部屋で、頑丈なガラスケースに収められた一挺のヴァイオリンのまえで、ぼくはときを忘れてしばし佇んだ。

　彼の伴侶ともいえる楽器が悪魔の魔法の杖などではなく、ひとつの美しい楽器であることがわかったとき、ようやくパガニーニが書けるような気がした。知らず知らずのうちに、ぼくもどこかで「悪魔」ということばに取り憑かれていたのかもしれなかった。


　パガニーニの出現は西洋文化史にとってまさにスキャンダルだった。

　ヨーロッパ中が、悪魔と呼ばれたこの男に圧倒され、熱狂し、魅了された。彼は流行のシンボルそのものだった。パガニーニという悪魔は、ヴァイオリンという楽器を片手に、まさにヨーロッパに君臨し、ヨーロッパを虜にしたのだった。

「パガニーニ・ショック」ともいうべき、この社会現象が十九世紀ヨーロッパにもたらした衝撃と波紋は、到底ひとりの音楽家の伝記とか、音楽というジャンルに収まるようなものではない。

　もしも、ヨーロッパにおけるパガニーニ現象を解明しようとすれば、社会現象にかかわるありとあらゆるテーマ、たとえば、風俗、宗教、カルト、群集心理、流行、経済、商業、金融など多様なジャンルにまたがる研究成果を総動員しなければならないだろう。だが、それらを吟味して学術的に探究することがこの本の目的ではない。この小さな本が目指すのは、そのようなことではない。

パガニーニの物語は、とにかく破天荒でおもしろいのだ。そこには息を呑むようなスリリングな冒険活劇も、幽霊が登場する背筋が凍るようなホラーまである。とにかく、それを楽しんでいただきたい。ぼくがこの本で書きたかったのは、ひとことでいえばそういうことだ。

この物語の舞台となるのは、世界中にインターネット網が張り巡らされ、街にはネオンと騒音があふれ、宗教や芸術の神秘が科学的に解明される現代のような時代ではない。夜になれば沈黙と闇が街を覆い、病や自然現象の恐怖が悪魔の仕業のように考えられ、楽器を自在に操る名人芸が、まだ魔術と思われていたような時代だ。

そして、物語の主人公は、奇想天外でミステリアス。どこか不気味で、しかも、なぜかぼくたちを惹き付けてやまない、謎に満ちたひとりのヴァイオリニストである。

パガニーニの肖像（ドラクロワ作）

悪魔と呼ばれたヴァイオリニスト　パガニーニ伝――目次

第一章　悪魔誕生

黒い森

いにしえの欧州は森のなかにあった。

空から眺めると、そこはいまも深緑の絨毯のようだ。その隙間を、まるで血管が走るように河が流れていて、多くの村や街は、それに沿うように点在している。

パリのセーヌ河、ウィーンのドナウ河、ボンのライン河など、ヨーロッパの街が河を中心に発展したのは、船による水上輸送の利便性という理由もあるが、深い森が人々の侵入を拒んだせいでもある。人々が住む集落を森が取り囲んでいたのではなく、人々は森を切り崩しながら生きる場所を広げていったのだ。

暗く鬱蒼とした森には魔物が棲んでいた。恐怖は、いつも森からやってきた。

人々は、襲いかかる恐怖から身を守るために、砦を築き、火を焚き、身を寄せ合って暮らした。悪魔や魔女から身を守る護符を扉の上に置き、聖者の像を大切に隠し持つ者もいた。

恐怖は姿を現すとは限らない。あるときは、暗黒の死の使いによって、わけもわからぬまま子供たちが高熱に冒されて死んだ。人々はなすすべもなく倒れ、死に、やがて腐った。残された者たちは、打ちのめされ、絶望のなかで村を焼き、森を彷徨い、新たな地を探した。

中世の人々にとって、悪魔や魔女は本や寓話に出てくるような存在ではない。劇画に描かれているような怪物の姿をしていたわけでもない。それは目に見えない恐怖そのものであり、人々の暮らしのすぐ隣にいたのだ。

たとえば、黒死病。一三四七年に南イタリアに帰還したガレー船団が欧州に持ち込んだとされる伝染病は、まだ医療と呼べるような治療法がなかった中世の人々にとって、まさに「黒い悪魔」だった。

一三四八年にフィレンツェで黒死病が大流行したときの様子が描かれた、ボッカチオ『デカメロン』の挿絵があるが、まさに地獄絵図そのものだ。黒紫色の斑点が体中を覆い、やがて死に至るこの伝染病によって、じつに欧州の総人口の三分の一から半数近くが失われたとまでいわれる。

　十五世紀から十七世紀にかけて、欧州全体を恐怖に陥れた「魔女狩り」もそのひとつだ。ヨーロッパ中が異端裁判と魔女狩りに明け暮れ、処刑された犠牲者は三〇〇万人（！）に及んだという説もある。

　ただ、凄惨な処刑の犠牲になったのは、ワシ鼻で魔法のホウキに跨がる魔女などではない。貧しい一人暮らしの老婆など、ごくふつうの、多くは罪もない民だった。家畜が急に死んだなどの些細な理由で隣人が訴えられ、異端審問官による尋問という名目の拷問にかけられる。あまりの苦痛に耐えきれずに頷けば、即座に魔女の烙印が押され、火刑か絞首刑が待っている。拷問に耐えたとしても、解放されるわけではない。拷問で死ぬか、処刑されて死ぬか。そのような狂気の沙汰が、じつに三〇〇年にわたって繰り広げられたのだ。

　まるで、いつまでもくすぶり続ける焚火の火種のように、魔女狩りの恐怖は、十八世紀の終わりまで続くことになる。この物語は、まだその匂いが残るころにはじまる。

パガニーニの「伝説」は、彼がまだ生まれるまえ、秋の夜に母親の夢枕に立ったという天使のお告げからはじまる。「おまえは、世界にその名を刻む子を産むだろう。だが、その名声は対価なしで得られるものではない」。

いかにもファンタジー小説に出てきそうなエピソードだが、彼の生涯には、この種の逸話がいくらでもある。これは、伝記作家が材料とする情報のなかに、パガニーニ自身が後年語った装飾を施した身の上話（ほら話？）や、人々の噂や伝聞の類いが紛れ込んでいるせいでもある。そのために、ある音楽学者にいわせれば、「パガニーニの正確な伝記を書くのは絶望的だ」となる。

イギリスの作家ジェフリー・パルヴァーは、彼が執筆したパガニーニの伝記（一九三六年刊）の序文にこう書いた。「この人物の神秘的な芸術をクリアに眺めたいと思えば、二世代にわたるあらゆるゴシップによって塗り固められた先入観を、われわれの想像力から取り除く必要があるだろう」と。

だが、視点を変えれば、これほどの風評や伝説が存在するということは、それだけ当時の人々の心を捉え、話題となり、噂となったことの証でもある。やっかいなのは、パガニーニの物語は、事実と伝説が混ざり合ったところに、そのおもしろさがあることだ。このあたりに、パガニーニを書くむずかしさもある。

歴史上に実在した人物を書くのに嘘を書いていいという意味ではないが、風刺やジョークのなかに潜んでいる真実もある。当時の人々が信じた迷信のすべてが嘘だとは、ぼくには思えない。というよりも、当時の人々が見たもの、信じていたものを、時代背景を無視して、現代というフィルターを通した眼で、安易にジャッジしてしまうほうがよほど怖い。彼らは、現代のぼくたちが失い、もはや見ることができなくなったものを見ていたかもしれないのだ。

現代は、影のない時代である。ぼくたちは、歴史の闇をつい現代のライトで照らして見ようとする。いうまでもないが、まだ電気がなかった時代、夜は闇そのものだった。ロウソクやガス灯などの照明があったといわれるかもしれないが、あれは現代のライトと同じではない。ロウソクやガス灯は、影をつくりだし、闇を引き立てるものでもあったのだ。

光と影。陽と陰。ふたつのなかに世界はあった。現代の都市文明のなかに生きるぼくたちには、ライトが存在しない時代にあったような影は、もはやない。何もかもが明るく照らされた世界。そこでは、影というもうひとつの世界だけでなく、想像力すら白日のもとに晒されてしまうかのようだ。おとぎ話も神話も、もし現代には居場所がないということになれば、子供のころに誰もが描くような空想の翼は、どこに向かって羽ばたけばいいのだろうか。

この物語の舞台となった時代は、まだ光と闇が混在した世界だ。悪魔も、怪人も、影のある時代だからこそ存在できたのだ。

そして、パガニーニのような奇才もまた、時代が生んだ音楽家のひとりだ。あの時代が舞台だったからこそ、奇妙な伝説の数々も生まれることになったのだ。

まえおきはここまでにして、いよいよ主人公の登場である。

黒猫小路

スイスで最後の魔女裁判が行われた一七八二年。アルプス山脈を越えた北イタリアの港町ジェノヴァで、ひとりの男児が生まれた。ニコロ・パガニーニ。この物語の主人公である。誕生日は、十月二十七日の夜と伝えられている。

両親は、ごく貧しい家の出身だった。父アントニオは、ジェノヴァの港で船からの荷下ろしなどをしていたが、テレーザ・ボッチァルディという娘と結婚。テレーザも貧しい家庭で育ったが、美しいうえに歌手としての才能に恵まれていて、たった一度聴いたメロディを間違いなく歌うことができたという。両親ともに正式に楽器を習ったことはなかったが、アントニオのギター伴奏で、テレーザが歌い、夜になると二人で酒場に現れて「流し」をしていたという記録もある。

テレーザは、六人の子を産んだ。カルロ（一七七八）、ビアッジオ（一七八〇）、ニコロ（一七八二）、アンジェラ（一七八四）、ニコレッタ（一七八六）、ドメニカ（一七八八）の六人のうち、ビアッジオとアンジェラは、生後間もなく死亡。成人したのは、三番目に生まれたニコロを含めた四名である。

パガニーニの生家は、パッソ・ディ・ガッタモラ三十八番地にあった。「パッソ・ディ・ガッタモラ」を日本語に訳せば、「黒猫小路」といったところか。

彼の生家があった建物はすでに取り壊され、現在はバルティモラ庭園という美しい庭園になっているが、黒猫小路という名はいまも残っていると聞いて、ジェノヴァを訪れたとき、旧市街の小さな路地を歩き回ってみたことがある。

クルマはおろか、人とすれ違うことがやっとの狭い路ばかりで、自分がどこにいるのかすらわからない。まるで中世に迷い込んだかのような路地を彷徨っていると、港から近いせいか、ときどき潮の香りと魚の生臭さが混ざったような匂いが漂ってくる。

薄暗く、狭い路地に折り重なるように建つアパートの窓から、まるで覆いかぶさるように洗濯物が干されている。古いイタリア映画で見るような、あの路地裏である。ふと、時間が逆さまになったかのような錯覚に陥る。どこからか、ヴァイオリンケースを小脇に抱えた黒いマント姿のパガニーニが現れても、何も違和感がない気がする。かなり時間をかけて探してみたが、黒猫小路という路地名は、ついに見つけられなかった。

幼少時のニコロは、病弱で貧弱な子供だった。早くも音楽的才能を示しはじめたころ、重度の麻疹を患い、身体が膠着して動かなくなってしまったこともあったらしい。両親が死んだと思って白布に包むとピクピクと動き出して、ようやく生きていることがわかったという、まるでドラマのようなエピソードもある。

「貧しくはあったが、不幸ではなかった」。これは、のちにパガニーニ自身が幼年時代を振り返って語ったことばである。

長靴半島の統合

イタリア半島は地中海に突き出た長靴。このたとえはよく知られているが、長靴という形状よりも「地中海に突き出た」という地形的な特徴の方がより重要だ。この半島の繁栄の歴史は、古代ローマ帝国の栄光に象徴されるように、大地の真んなかを意味する地中海の豊かさとともにあるからだ。

パガニーニの故郷ジェノヴァは、中世からジェノヴァ共和国として栄華を極めた海洋国家である。イタリア最大の港湾都市であり、地中海のリグリア海域に面した港は、いまも大海原と異国へのロマンに溢れている。

かの新大陸を発見したコロンブスの生誕地であることはよく知られているが、彼が目指した黄金の国ジパング伝説の火付け役ともいえるマルコ・ポーロが『東方見聞録』を口述したのもこの街の牢獄でのことだった。

現在のイタリア国旗は、緑・白・赤の三色旗だが、海で栄えたイタリアには、海の国旗ともいうべき海軍の紋章旗があって、そこには、ヴェネツィア共和国、ジェノヴァ共和国、アマルフィ共和国、ピサ共和国という、かつて地中海に君臨した四大海洋国家の紋章が刻まれている。

イタリアといえば、現代のぼくたちはつい単一国家をイメージしてしまうが、ローマ帝国以降、イタリア半島にはじめて統一国家が誕生したのは、いまから約一五〇年まえの一八六一年のことに過ぎない。パガニーニの没後二十一年である。

つまり、パガニーニの存命中、まだイタリアという国は存在していなかった。パガニーニをイタリアの音楽家と呼ぶとき、それは現在の統一国家としてのイタリアと同じではないことは注意しておくべきだ。もっとも、これは近代国家が成立するまえのすべての人物にあてはまることだが。

パガニーニの故郷ジェノヴァをはじめ、ローマ、ヴェネツィア、ナポリなど、イタリアの主要都市は、すべて都市国家としての歴史を刻んできた。

「イタリアという国はできた。今度はイタリア人を作らねばならない」という、イタリア建国の年にトリノ出身の作家マッシモ・ダゼリオ侯爵が語った有名なせりふがあるが、いまから約一世紀半まえには、「イタリア人」という概念すら存在していなかったのだ。

ちなみに、このときのイタリアは、明治維新によってはじめて国がひとつになった日本の状況にとてもよく似ている。大政奉還によって明治政府が誕生したのは、一八六八年、イタリア建国に遅れることわずか七年後のことだ。このとき、福沢諭吉がいった「日本には唯政府ありていまだ国民あらず」ということばは、前述のダゼリオ侯爵のせりふに酷似している。

いくつかの共和国に分割されていたイタリア半島が統一するきっかけとなったのが、ナポレオン軍の侵攻による旧体制の崩壊である。フランスのナポレオン軍が怒濤のようにイタリア半島に雪崩れこみ、あっというまにジェノヴァ沿岸地域を占領。十一世紀から栄華を誇ったジェノヴァ共和国はあっけなく滅亡する。一七九七年のことだ。

この年、ミラノの劇場では、ひとつの時代の終焉と権力の転覆を象徴する出来事があった。イタリア半島におけるハプスブルク統治の終焉とフランス統治のはじまりを祝して、バレエ『ブルータス』や『法王の踊り』などが上演されたのだ。このとき、巨大な王室ボックス席は六つに分割されて、「自由を得た市民」が席に着くという歴史的な事件である。

ジェノヴァとその周辺は、ナポレオンによって統一され、リグーリア共和国と命名されることになるが、それに先立つ一七九六年三月二十七日、彼はイタリア遠征軍の本営にあって、兵たちにこう呼びかける。「私は諸君を世界一の沃野に誘導しようと思う。豊かな諸州、広大な諸都市が諸君の権力下に入るであろう」と。

いま、ナポレオンによってイタリアが統一されたと書いたが、彼が行ったのは、多くの軍事行動がそうであるように、いわば掠奪である。こうして手に入れた領土を適当に分割して、彼は自分の兄妹や腹心をその領国の国王に任命し、イタリア半島をわがものにしようとしたのだ。

ジェノヴァの住民にとって、共和国の消滅というあまりにも劇的な終幕を迎えることになったこの事件のきっかけは、元を辿れば一七八九年にパリ・バスティーユ監獄の襲撃が引き金になったフランス革命である。このとき、パガニーニはわずか六歳。ちょうどヴァイオリンで才能を発揮しはじめたころだ。

故郷がかつてない歴史の騒乱に巻き込まれようとしていたまさにそのとき、パガニーニはこの世に生を受けた。これが彼の波乱の生涯を予感させることになる。

彼がヴァイオリンを手に活躍したキャリアのほとんどは、この騒乱渦巻くイタリア半島でのことであり、騒乱の時代を生きた人々の耳と眼とが、この驚異的な才能の目撃者だった。はじめて故郷のイタリア半島を離れてヨーロッパ中に旋風を巻き起こすことになるのは、彼がじつに四十五歳のとき。演奏家としてのキャリアの終盤に過ぎない。

パガニーニの両親の性質をひとことでいうなら、父は現実的、母は神秘的。

父アントニオは、大の賭博好き。これは博打打ちで荒くれ者という、港の男の典型的なタイプともいえるが、仕事が休みの日には自分の息子たちに読み書きを教えたり、楽器の演奏を教えたりという父でもあったらしい。

息子ニコロの演奏の才能に光るものを感じ、その「商品価値」を誰よりも素早く見抜き、厳しい訓練を課したのも父である。その意味では、ジェノヴァ商人としてのしたたかさと計算高さも併せ持っていたというべきだろう。

母テレーザは、無教養だが信心深い女性であった。ときに予言的な幻視や、神からのお告げなど、幻想的なことも口にしていたという。息子ニコロについてのお告げは、この章のはじめにふれたとおりだが、その母の性質もあってか、ニコロは幼少時から「堕天使」「魔女の悪たれ息子」などと呼ばれたとも伝えられている。

ここであえて両親の気質を持ち出したのは、パガニーニの性格に潜む、ある種の二面性といえる部分を、この両親から見事に受け継いでいると思えるからだ。賭博好きで金銭に執着する計算高い現実主義者にして、神秘的な秘密主義者というパガニーニの性格上の特徴は、まるで彼の父と母の気質を足して二で割ったかのようだ。

ただ、この幼いニコロは、彼がこれから波瀾万丈の人生の荒波を乗り越えていくために必要な、もうひとつの性質を備えていた。強靭な生命力である。

生まれたときのニコロは病弱で、大病で死にかけたことはすでに書いたが、そのまま、彼の前後に生まれて生後まもなく死亡したふたりの兄妹と同じ運命を辿っても不思議ではなかった。だが、彼は奇跡的に息を吹き返した。ただ、もともと病弱なせいもあって、少年時代のニコロは、美少年ではあったが、青白く身体はやせぎすで、どことなく不気味な雰囲気を漂わせていたという。ここからパガニーニを生涯苦しめることになるのが、伝説としての悪魔ではなく、病魔という名の悪魔であった。

ヴァイオリンとの出会い

少年ニコロが、どのようなきっかけでヴァイオリンに出会ったのか、詳しいことはわかっていない。ただ、両親ともに音楽を愛した家庭環境である。貧しいながらも、家には楽器があり、音楽はごく身近な存在だったことだろう。

このようなエピソードがある。父親から最初に与えられた楽器はマンドリンだったが、少年ニコロは、父の持っているもうひとつの楽器ヴァイオリンに強く惹かれた。そして、父が港の仕事に出掛けた留守に、父のヴァイオリンを探し出しては、こっそり盗み弾きしていた。ある日、偶然息子の弾くヴァイオリンを聴いた父親は、その才能に驚き、劇場でヴァイオリンを弾いていたジョヴァンニ・セルヴェットという友人のもとに連れて行く。そこで奏法をマスターした少年ニコロは、まるで新しい芽がぐんぐん伸びるように、瞬く間に腕をあげていき、天才少年の噂が街中に広がっていく、というものだ。

やがて、記念すべき人生の初舞台の日がやってくる。パガニーニのはじめての公開演奏会は、彼が九歳の年、会場はジェノヴァの教会だった。当時の演奏会場としては、よく教会が利用されていたとはいえ、のちに悪魔と呼ばれ、教会から異端者の烙印を押されることになる男の生涯最初の公開演奏会が教会というのも、皮肉な話ではある。

公式なデビューは、一七九四年五月。ジェノヴァの聖フィリッポ・ネーリ教会のミサでの演奏であった。その見事さは「万人の称賛」を浴びたと伝えられている。

パガニーニが子供の頃に使ったとされる小型ヴァイオリンの写真があるが、仮に七歳で楽器を手にしたとして、九歳で公開演奏会を行ったとすれば、たった二年間で、ほぼひととおりの奏法をマスターしたことになる。正真正銘の天才である。

そのうちには、人前で演奏する曲も当時のヴァイオリン曲のレパートリーでは飽き足らなくなり、民謡をテーマにした自作の変奏曲を披露するようになる。この時期に作曲された『カルマニョーラ変奏曲』という曲がパガニーニ最初の作品として現存している。ギター伴奏の牧歌的なデュオ曲だが、実際に聴いてみると、ヴァイオリンの変幻自在な変奏に、超絶技巧の片鱗はすでに感じられる。

このような音楽を十歳程度で書けるような天才少年だ。もはやジェノヴァの街で学べるものは何もないと周囲が判断したのも無理はない。さらなる研鑽を積むべく、父子はパルマの地を目指して旅立つ。一七九五年九月。少年ニコロが、まだ十三歳になるまえのことである。

パルマでの修業時代

地中海沿いのジェノヴァから内陸に向けてクルマを走らせる。のどかな田園風景を抜けて、ターロ河沿いをしばらく走ると、ひときわ荘厳な四角い塔が見えてくる。パルマの大聖堂である。ルネサンス期のフレスコ画の巨匠コレッジオの壮麗な天井画でも有名な、堂々たる建築物だ。

中世都市として栄えたパルマは、十六世紀半ばから十九世紀のイタリア統一まで存続したパルマ公国の首都であり、いまも中世の名残を留める美しい街だ。パルマといえば、名産のチーズ（パルミジャーノ・レッジャーノ）や、パルマ産生ハムが思い浮かぶほどの美食の都でもある。

このパルマで少年パガニーニが師事することになるのが、ヴァイオリニストで作曲家のアレッサンドロ・ローラ、宮廷音楽家のガスパーロ・ギレッティ、オペラ作曲家のフェルディナンド・パエールなどだ。

ローラの門を叩いたときのエピソードがある。

主人は病気だと家人からいわれ、父子は通された部屋でしばらく待っていた。ふと机の上に新作の楽譜が置かれているのをみつけた父親が息子に目配せして、その楽譜を初見で弾かせると、あまりの見事な演奏にローラ本人が寝室から飛び出してきて、自分に教えられるものは何もないから、作曲家のパエールのところに行くようにいった、というものである。

だが、たとえこれが真実だったとしても、こののち約半年間にわたって、パガニーニはローラからヴァイオリンを学ぶことになるという記録もあるので、このひとことで、ただちに彼がローラの元を去ったということではないようだ。

パガニーニの伝記作家サミュエル・ストラットンによれば、パガニーニの真の師匠と呼ぶべきは、ローラよりも、パルマの宮廷ヴァイオリニストで作曲家のガスパーロ・ギレッティだという。ギレッティは、パガニーニが作曲を学ぶパエールの師匠でもあった。

ただ、ローラがパガニーニにもたらした重要なものもある。当時、ほとんど忘れ去られていたロカテッリの『ヴァイオリンの技法』（一七三三年刊）をパガニーニに与えたことだ。この曲集に収められた二十四曲の無伴奏ヴァイオリンのためのカプリスとの出会いが、のちに彼の代表作となる『無伴奏ヴァイオリンのための二十四のカプリス』誕生の萌芽になったことは疑いない。

音楽学者のフェティスによれば、このロカテッリの曲集についてパガニーニ自身が「難しすぎてうまくできなかったアイディアや奏法の工夫について新しい世界を開いてくれた」と語ったという。パガニーニは、のちに自らの曲集の第一曲を、ロカテッリの第七曲から引用している。新しい発想と技法への扉を開いてくれた、ロカテッリへの敬意と感謝のつもりだったのかもしれない。

ローラから推薦され、パガニーニの作曲の師となったパエールは、パルマ出身のオペラ作曲家である。彼はのちにウィーンやパリでも活躍し、パリ時代の生徒には、かのフランツ・リストもいる。つまり、パガニーニとリストは兄弟弟子ということになる。悪魔と呼ばれたヴァイオリニストと、鍵盤の魔術師と呼ばれたピアニストとの不思議な縁である。

わずか一年間の修業期間ではあったが、パガニーニのパルマ滞在での重要な成果は、ヴァイオリン技法だけでなく、作曲技法を本格的に習得したことだった。

「悪魔」の烙印

さて、パルマ滞在を経てジェノヴァに戻った少年パガニーニは、いよいよヴァイオリニストとしての活動をはじめるが、話を先に進めるまえに、ひとつふれておきたいことがある。のちに、彼に生涯つきまとうことになる「悪魔」というニックネームで最初に呼ばれたエピソードだ。

一七九六年の暮。十四歳になったばかりの、まだ幼気《いたいけ》な少年パガニーニを、あろうことか悪魔と呼んだ男がいる。フランスの名ヴァイオリニスト、ロドルフ・クロイツェルである。クラシック音楽ファンならこの名前に聞き覚えがあるはずだ。かのベートーヴェンが作曲したヴァイオリン・ソナタの最高傑作『クロイツェル・ソナタ』のタイトルの由来になった人物だ。

話の顚末はこうだ。ジェノヴァを訪れていたクロイツェルは、この街の貴族で詩人でもあったジャンカルロ・ディ・ネグロ邸での晩餐会で、驚異的なヴァイオリンを弾く少年に遭遇する。さまざまなメロディを困難な二重音で演奏し、さらに、その途中にフラジョレット（倍音奏法）の速いパッセージまで挿入するなど、超人的な技を自在に操る少年に驚嘆したクロイツェルは、のちにこのときのことを、「まるで悪魔の幻影を見ているようだった」と述懐している。おそらくこれが、記録に残るかぎりでは、パガニーニにはじめて「悪魔」という烙印が押された瞬間だった。

クロイツェルといえば、当時の最も進歩的なヴァイオリンの名手であり、のちにパリ音楽院の教授としてフランス・ヴァイオリン楽派の基礎を確立させた人物でもある。このとき三十歳。当時としては、脂の乗った壮年期に達しようとしていたクロイツェルが、自身の年齢の半分にも達しないような少年の演奏と超絶技巧に驚愕したということは、いかに少年パガニーニの力量がずば抜けていたかということでもある。

ところが、ずば抜けていたのはヴァイオリンの力量だけではなかった。少年時代のパガニーニは超イケメンだった！　という記述をどこかで読んでずっと気になっていたのだが、あるとき、資料のなかから偶然、彼が十二歳の頃の肖像画を発見した。悪魔のイメージからは想像もできないほど、細面で端正な顔立ちだ。この絵を見るかぎり、タレント事務所がスカウトに来てもおかしくないと思えるほどの見事な容貌である。

超絶技巧はどこで身につけたのか

ところで、パガニーニは、どのようにして驚異的な演奏技術を身につけたのだろうか。パガニーニというひとりの天才の登場によって、ヴァイオリン演奏の歴史は劇的に塗り替えられたといわれる。ヴァイオリンという楽器に秘められた表現可能性の多くは、彼の特殊奏法によって目覚めたからだ。

たとえば、目にもとまらぬような高速スタッカート（音符を短く切って演奏すること）、スピッカート（跳弓と呼ばれる弓を弾ませる奏法）、前述したフラジョレットをさらに二弦で行うダブル・フラジョレット、左手によるピッツィカート（弦を指で弾《はじ》く奏法。ふつうは弓をもつ右手で行う）、広域にわたるアルペッジョ（分散和音）、スコルダトゥーラと呼ばれる変則的な調弦方法など、まさに特殊奏法のオンパレードである。

後年、パガニーニ自身が語るところでは、その奏法はまったく彼独自のものであって、誰の影響も受けていないという。だが、それはいささか疑わしい。

たしかにその強烈な特殊奏法を駆使した演奏に、当時の人々は驚愕した。ただ、このような、まるで奇術師が民衆をあっといわせる見世物的な技法にも、見本がなかったわけではない。

少年時代のパガニーニは、オーギュスト・フレデリック・デュラン（ドゥラノフスキ）というワルシャワ出身でフランスのヴァイオリニストに刺激を受けたことがわかっている。デュランの演奏は、非常に華麗な技巧を駆使したもので、パガニーニはその演奏から重大なヒントをつかんだと指摘する専門家もいる。

デュランは、イタリア出身の巨匠ジョヴァンニ・バッティスタ・ヴィオッティの弟子だが、このヴィオッティこそ、近代ヴァイオリニストの草分け的な存在である。その風貌はハンサムで、その音色には気品があり、ロシア帝国の女帝エカテリーナ二世から彼女の楽団に入るよう口説かれたとか、ヴェルサイユ宮殿でマリー・アントワネットに仕えたとか、ヴィオッティの生涯の物語には、まるで映画のような歴史的大物がぞくぞくと登場する。

サンクトペテルブルク、パリ、ロンドンなどの大都市で成功を収め、劇場監督も務めるが、晩年はロンドンでワイン店を経営して借金まみれになり、失意のうちに世を去ったという、伝説的なヴァイオリニストには似つかわしくないエピソードまである。彼の遺書には、財産を遺すどころか、支援者に多額の借金を遺して死ぬことが自分の魂を苛むと書かれていた。

ヴァイオリン史におけるヴィオッティの最大の業績は、前出のクロイツェルや、ピエール・バイヨー、ピエール・ロードなどフランス楽派の巨匠たちの師匠として、イタリアのヴァイオリン奏法の伝統をフランス派の演奏スタイルとして大きく発展させたことにある。

パガニーニが、たとえどの流派にも属さない孤高のヴァイオリニストであったとしても、何もかもをゼロから自身で考案したとは考えられない。ただ、彼の奏法には、いわゆるメソッド（教則法）と呼べるようなものはなかったといわれている。

パガニーニのメソッドについては、おもしろいエピソード（というかジョーク）がある。ある日、悪魔がパガニーニの許にやってきて「おまえの魂をくれないか。欲しいものを何でもやろう」といった。パガニーニは「いいよ。では魂を交換しよう。無理なら貸してくれるだけでいい。世間はわたしが悪魔の魂を持っているというが、どんなものか実際にその気分を味わってみたいのだ」と答えた。悪魔は「貸してやってもいいが、その代わりにおまえがどうやってヴァイオリンを勉強したか教えろ。そのメソッドとやらを知りたいんだ」という。パガニーニは「では、まずおまえの方からだ」と魂を要求すると、悪魔は笑って「冗談だよ。貸してやりたくても、俺には魂などないのさ」というと、パガニーニも笑いながら「いいぞ、いいぞ！　こちらもだ。メソッドなどわたしは持ち合わせちゃいないんだ」とふたりで大笑いするという話である。

これはチェコのピアニストで文筆家でもあるイリヤ・フルニークが書いた音楽コント集に収められているジョークだが、メソッドさえ悪魔と結びつけられてしまうところが、いかにもパガニーニらしい。

広い肩と柔軟な身体

メソッドがないということは、別の視点からみれば、独自の奏法を構築するために、いかに卓越した資質がパガニーニに備わっていたかということでもある。ここでは、その資質をふたつだけ挙げておきたい。超人的な「耳」と、柔軟な「肉体」である。

パガニーニが、いかに完璧な音感を備えていたかは、その演奏を聴いたショパンやリストなど、超一級の感度を備えた耳を持つ、超一流の音楽家の誰もが口を揃えて、その正確無比な音程を絶賛していることからもわかる。

そもそも、ヴァイオリンは音を「つくる」楽器である。ヴァイオリンにはギターのようなフレット（楽器の指板にある突起）もなく、正しい音程を指先の精妙なポジションで生み出さなければならない。数ミリどころか、音域によっては、弦を押さえる指の角度をほんの少し変えただけで音程がずれてしまう微妙な楽器である。つまり「指を磨く」ことを要求される。だが、それも正確な音程を聴きわけることのできる「耳」が備わっていなければどうしようもない。

ヴァイオリンは、正確無比な音階を弾くだけでも人々を感動させられる楽器だといわれるが、裏を返せば、それがいかに困難なことかの証左であるともいえるだろう。

パガニーニのコンサートでの演奏を聴いたあるヴァイオリニストによれば、舞台に現れたパガニーニは、万雷の拍手に応えてヴァイオリンを構え、指ならしのように最低音から最高音までの音階を一気に弾いた。その力強さと輝かしさは目も眩むばかりで、それだけで満員の聴衆はすっかり心を奪われてしまったという。つまり、アクロバット的な技巧を披露するまえに、音階だけで聴衆を酔わせることができる完璧な基礎と、それを支える超高感度の耳が、彼には備わっていたということだ。

次に、肉体的な特徴としては、彼の異常に幅広い肩と、骨組みの水平さが挙げられる。ヴァイオリンはまるでその体型に合わせて設計されたかのように、彼の肩にぴったりと収まったという。

しかし、何といってもパガニーニの肉体的な特質で際立っているのは、その驚異的な柔軟性だろう。のちに彼の主治医となる医師フランシスコ・ベナティィによれば、パガニーニの体型や、肩や手足の独特な配置に、彼ならではの技巧を生み出す秘密があったのではないかという。

たとえば、左肩が右肩より高く、そのために両腕を身体に付けて直立すると身体の半分が実際より長く見えたとか、肩関節が異常なほどしなやかで、演奏中に両肘を肩のところで交差させたとか。

まるで、イカやタコのような軟体動物さながらだが、さらに驚くのは、手のしなやかさだ。「手の大きさはふつうだが、一杯に広げると、親指から小指までの長さが倍になった」とベナティィは書いている。パガニーニの手は、まるで蜘蛛のようだった、と表現した人もいる。

パガニーニの柔軟性の証として、彼がヴァイオリンの第一ポジションから手をずらさずに第三ポジションを弾くことができたという記述を読んで、あるヴァイオリニストに再現してもらったことがある。そのときの感想は、驚異的な柔軟性というよりも、ふつうの人間ではまず不可能、ということだった。

この柔軟さは、おそらくパガニーニに生来備わっていた体質でもあっただろう。だが、その資質を前人未到といわれるまで高めるために、彼が幼年時代から人知れず血の滲むような練習の日々を積み重ねたことは強調しておきたい。来る日も来る日も、ひたすらヴァイオリンと向きあう少年時代。パガニーニの驚くべき音感と柔軟性は、鍛え上げられた修練の結晶でもあったのだ。

博打でスッて楽器を失う

パルマでの修業時代を経て、パガニーニは本格的な演奏活動に入る。このころの彼が演奏旅行で巡ったのは、ミラノ、ボローニャ、モデナ、フィレンツェ、ピサなど、北イタリアの都市が中心だが、ある秋、トスカーナの古都ルッカの教会でパガニーニが演奏したときの情景を、教会の管弦楽団の一員でもあったヤコポ・ケリーニという神父が記録に残している。

それによれば、カトリックの厳格な式次第に添って進められるミサのなかで、ヴァイオリン演奏を披露できる余地はなかったにもかかわらず、街の有力者たちは、この有名なヴァイオリニストに何とか演奏させようと画策した。そこで、悔い改めの祈りの終わりにパガニーニが演奏できるよう大臣が直々に規則に反する命令を出したのだという。

堂々と登場した青年パガニーニは、演奏に与えられた時間がわずかだったにもかかわらず、式の進行を気にする教会側の不安をよそに、じつにゆったりと、ヴァイオリンを駆って、鳥のさえずりやフルート、ホルンなど管楽器の音のまねまで披露した。その驚異的な演奏に誰もが聴き入り、物まねのところでは、厳粛であるべき教会内にもかかわらず、人々の笑い声まで誘うほどだったという。

パガニーニの大物ぶりの一端というか、物怖じしない振舞いが窺えるエピソードだが、ヴァイオリンの若き天才として、イタリア半島の各都市で熱烈な喝采を浴びることになった彼の懐には、報酬として多額の金銭も入ってくる。イケメンだった彼のことだ。当然、女性にもモテただろう。父親譲りの賭博好きの血が騒ぎ、博打と女に狂う放埒な日々もあった。博打でスッて大切な楽器を取られてしまい、演奏会で弾く楽器がないということもあったようだ。

賭け事で大切な楽器を失うなど演奏家の風上にもおけないと、まじめなクラシック音楽ファンは顔をしかめるかもしれない。だが、賭博と音楽はそれほど縁遠い関係ではない。それどころか、ある意味では、切っても切れない関係であるともいえるのだ。

たとえば、いまや世界を代表するオペラ劇場であるミラノ・スカラ座は、十八世紀の終わりから十九世紀にかけて、ミラノで唯一の公認賭博場でもあった。当時、開場したばかりのスカラ座は資金不足を補うために、賭博の売上金を必要としていたのだ。

ヴァイオリンを捨てて農園経営者に？

ところで、この時期、いかにもパガニーニらしいというか、伝記作家泣かせというか、彼の傍若無人ぶりが発揮されたエピソードが登場する。突如として何年間も姿をくらましてしまうのだ。しかも、ヴァイオリニストにとって何よりも大事なはずのヴァイオリンまで放り投げて！

パガニーニは、この数年間、どこで何をしていたのか。「農園を経営し、毎日ギターを弾いていた」というのが、彼自身による唯一のコメントである。

農園経営？　ギター？　いったいどういうことだろうか。

経緯はこうだ。一八〇一年の秋、パガニーニは兄カルロとともに、トスカーナの街ルッカにやってくる。この街で開催される聖マルタン祭に参加するためだ。

彼らにはある計画があった。息子の稼ぎをふんだくって博打に注ぎ込む父親の支配から脱するというものだ。にぎやかな祭には、各地から大勢の人々がやってくる。それにあわせて演奏会を開き、そのままこの地に留まるか、これをきっかけに各地の演奏旅行に出掛けるかして、父親の監視の目から逃れてしまおうというのだ。

この計画はうまくいったとみえて、たしかにこの時期を境に、彼の父親はパガニーニの物語からはぴたりと姿を現さなくなる。ところが、ここからの数年間、肝心の彼自身の消息が、まったく途絶えてしまうのだ。

パガニーニの公開演奏記録を詳細に研究したフランスの作家グザヴィエ・レイの資料をみても、一八〇一年からの数年間は、全くの空白となっている。この数年間の空白期間を巡って、研究者たちは真相を探ろうと躍起になったが、ついに詳細を突き止めることはできなかった。

だが、少しずつ浮かび上がってきた説がある。ある裕福な未亡人の貴族に囲われるようにして、ピサ近くの彼女の居城で生活していたらしいこと、彼女が熱心なギター愛好家であったこと、彼女の領地の管理を手伝っていたことなどだ。「ある裕福な未亡人」の素性はわかっていないが、わずかに「ディーダ」という愛称が伝わっている。

息づく「ベルカント」の精神

この時期に作曲されたとされるパガニーニのギター曲が数多く残っている。超絶技巧とか、悪魔的なパガニーニのイメージで聴くと拍子抜けしてしまうような、牧歌的でおだやかな曲ばかりだ。愛人とふたりで広大な領地に囲まれた邸宅のサロンで、ギターをつま弾きながら蜜月のひとときを過ごす。そんな光景をイメージさせる。幼少期からマンドリンに親しんでいたパガニーニのことだ。本気で練習すればギターをマスターすることもたやすかったことだろう。

パガニーニの音楽を、ただヴァイオリンの超絶技巧をひけらかすだけの軽薄で粗野な音楽だという評価は、一部のクラシック音楽ファンのあいだにはいまも根強いが、たとえば、彼がギターとヴァイオリンのために作曲したデュエット曲のいくつかを聴いてみると、そこには、優美で澄み切った、まぎれもない「歌」があることがわかる。

これは、かのオペラ王ロッシーニが「残念なことに、われわれのベルカントは失われてしまった」と嘆き、「イタリアのもたらした最も美しいたまもののひとつ」と語ったイタリアの伝統的な歌唱法「ベルカント」(「美しき歌」の意)の精神が、パガニーニのなかに息づいていたということかもしれない。

だからこそ、生涯にたった三回しか泣かなかったというロッシーニが、パガニーニの演奏を聴いて号泣し、歌曲王といわれたシューベルトが「パガニーニの歌に天使の声を聴いた」と感嘆したのだ。

もしかすると、このけがれなき歌心のなかにこそ、パガニーニがヨーロッパ中の聴衆を酔わせ、ロマン派から近代にいたる数多くの作曲家や音楽家たちを虜にしてきた秘密が隠されているのかもしれない。

嵐の予兆

このまま平穏な田園生活のなかで一生を終えてもよかった。そうすれば、今日語られるような悪魔と呼ばれた天才ヴァイオリニスト、パガニーニは誕生しなかったかもしれない。その後の西洋音楽史がどうなったかはともかく、ひとりの男の人生としては、それも悪くなかったのかもしれない。だが、そうはならなかった。

彼と貴族の未亡人とのあいだに何があったのか、それはわからない。あるいは、おだやかな日々のなかで、何かが彼のなかでムラムラと沸き起こったのか。彼は、再び喝采を求めて未亡人のもとを去って行く。ただ、そのパガニーニを、彼女は引き留めはしなかったと伝えられている。

かくして、パガニーニは再び観衆のまえに颯爽と登場する。一八〇四年のことだ。しかも、ソリストとしてだけではない。翌年にはルッカの宮廷オーケストラのヴァイオリン奏者に就任する。

なぜ、一匹狼のような彼が、宮廷楽師の職を受けることになったのか。その背景には、ナポレオン軍の侵攻によって、騒乱に巻き込まれたイタリア半島の政情不安もあった。ヴァイオリニストが楽器と己の腕だけで独立して生きていくには、まだ不安定な時代であった。

パガニーニが再起をはたした街ルッカは、古代ローマ時代から栄えた美しい城塞都市であり、共和国でもあった。イタリアオペラの大作曲家プッチーニの生誕地でもあり、旧市街にある生家は、現在はプッチーニ記念館として公開されている。

当時のルッカは、長い共和国の歴史をひっくり返すような混乱のなかにあった。ナポレオン軍の侵略によって、ルッカ・エ・ピオンビーノ公国という、結果的にはわずか四年間しか存続しなかった、はりぼての国家が誕生したばかりだったのだ。

この公国を統治したのが、かのナポレオンの妹エリザと、夫のフェリーチェ・バチョッキであった。統治の象徴としての宮廷楽団を組織するにあたって、名手の誉れ高いヴァイオリンの巨匠パガニーニに目を付けたのが、このふたりだったのだ。

パガニーニの生涯に、ひとつの巨大な一族があらわれる。「革命」という時代を揺るがす騒乱に乗じて、忽然と歴史上に登場し、あれよあれよというまにフランス皇帝の座を奪い取った男、ナポレオン・ボナパルトと、その一族である。

ここから、コルシカ島の一軍人から成り上がり、ヨーロッパに君臨したナポレオン一族と、ジェノヴァの貧しい家に生まれた悪魔のヴァイオリニストとの奇妙な物語がはじまるのだ。

第二章　ナポレオン一族との奇縁

コルシカの没落貴族

地中海にぽっかりと浮かぶコルシカ島。ナポレオン一族の故郷である。

地図でみるコルシカ島は、ジェノヴァのちょうど真南に位置する。そのためか、コルシカ島とジェノヴァとの因縁は深い。

紀元前には、エトルリア、カルタゴなど都市国家たちが、地中海貿易の中継拠点として沿岸地帯の覇権を争ってきた島である。コルシカ島の歴史は、つねに島の先住民と外来人の闘争の歴史であったともいえる。

中世以降は、海洋国家のジェノヴァとピサによる支配を巡る争奪戦の舞台となった。ローマ教皇の命で十一世紀にはピサが統治するものの、対抗するジェノヴァは島の沿岸に城塞都市を築き徐々にピサから支配権を奪い、十三世紀には、ジェノヴァ共和国の領土となる。

ところが、それからも先住民である島民による反乱の火種は燻り続け、ついに十八世紀には大規模な独立戦争が勃発する。これに手を焼いたジェノヴァは、一七六八年、コルシカ島をフランスに売り渡してしまう。そして、フランス軍と闘うことになったコルシカ反乱軍は、圧倒的な兵力のまえに降伏。一七六九年六月のことだった。

かくして、コルシカ島は完全にフランス領になるのだが、この戦争から程なくして、ひとりの男児が生まれる。ヨーロッパ史の風雲児、ナポレオン・ボナパルトである。母レティツィアの実家、ラモリーノ家はジェノヴァからコルシカに渡った名門貴族であった。一族からは、ジェノヴァの元老院議長や都市守備隊長が輩出している。

ナポレオンを語るとき、ぼくたちはつい「ナポレオン＝フランス人」というレッテルを貼ってしまいがちだが、考えてみれば、ずっとジェノヴァ領だったコルシカ島の住民の多くはイタリア系であり、島の公用語もイタリア語である。ボナパルト家の素性もイタリア移民。そして、なによりもナポレオンが生まれたとき、まだコルシカ島は混乱の最中で、現実にはフランスの領土ではなかった。

「ナポレオン・ボナパルト」という名前も、本来の彼の名はイタリア語の「ナポリオーネ・ブオナパルテ」であり、のちにこの名をフランス語風に改めたのは、彼が二十六歳になってからのことだ。つまり、彼を単純にフランス人とは呼べないばかりか、彼はいわばフランス人という皮を被ったコルシカ系イタリア人であるともいえるのだ。

後年、ナポレオンがフランス兵に向かって、「わが祖国フランスよ！」と叫ぶとき、彼はまるで敵国を支配したような気分だったのではないか。そして、イタリア半島を制覇して「イタリア王」を名乗ったとき、まるで祖国に凱旋したような気分だったのではないか。彼の行動を辿ってみると、フランス人による祖国フランスのための行動という、単純な祖国愛では計れないような、屈折した何かを感じるのだ。

とはいえ、それはまだ先のことだ。ナポレオンが生まれるまえ、ボナパルト家はコルシカ島で窮地に立たされていた。独立派の指導者パスカル・パオリの参謀だった父親のシャルルは、フランス軍に追われ、身重の妻を連れてコルシカの原野を敗走した。このとき、妻レティツィアの腹のなかにいたのが、ナポレオン・ボナパルトそのひとである。

ナポレオンの兄弟姉妹たち

ナポレオンの母レティツィアは、じつに十三人もの子供を産んだ。ハプスブルク帝国の女帝マリア・テレジアの十六人には及ばないものの、かなりの多産である。

このうち成人した男子は、長男ジョゼフ、次男ナポレオン、三男リュシアン、四男ルイ、五男ジェロームの五人。女子は、長女エリザ、次女ポーリーヌ、三女カロリーヌの三人、計八人である。女子はいずれもナポレオンからみれば妹になる。

彼ら兄弟姉妹は、将来的にはナポレオンの手駒として、制覇した領土の王や大公妃として各地に送り込まれる。その放埒で派手な振る舞いが伝えられるくらいで、あまり歴史の表舞台には登場してこないが、彼ら兄妹の波瀾万丈の生涯は、まるで時代の激流に翻弄される小舟のようだ。その生涯は、ある意味では悲劇であり滑稽でもある。

長男ジョゼフは、はじめはナポリ王、次にスペイン王となるが、スペイン人のゲリラ戦に巻き込まれ、王でありながらフランス軍に守られなければ首都にもいられないほどだったという。のちにアメリカで優雅な生活を送るが、なぜか再びヨーロッパに舞い戻ってくる。が、フランスに入国を拒否されイギリスに入り、フィレンツェで死んだ。

三男リュシアンは、ボナパルト家がコルシカ島を追放される原因となった張本人でもあったが、革命後はジャコバン派の急先鋒として、兄の第一執政就任を強力にサポートした陰の立役者でもある。内務大臣に任命されるが、兄と対立して自立。アメリカに逃れようとしてイギリスの捕虜となる。イタリアのヴィテルボで死去。兄妹中で一番頭がいいといわれたが、兄との反目のせいか、もっとも不遇でもあった。

　四男ルイは、兄の幕僚となり、副官として活躍。オランダ王としては善政を敷いたが、若いころの激しい女遊びがたたって梅毒に冒され、嫉妬深く、精神的にも不安定だったという。トスカーナ州のリヴォルノで死去。のちにフランス大統領と皇帝というふたつの座を手にしたナポレオン三世は、彼の息子である。

　五男ジェロームはナポレオンの十五歳年下の末弟。十歳のとき兄ナポレオンからパリに呼び寄せられるが、とにかく放蕩三昧でとんでもない額の借金を抱える。手を焼いた兄は、海軍に入隊させる。十六歳のときのことだ。彼はのちに、北ドイツに作られたヴェストファーレン王国の王となるが、その宮廷楽長としてウィーンから招聘しようとしたのが、かのベートーヴェンであった。このオファーを受けてウィーンを去ろうとした彼を引き留めるために、ルドルフ大公などの支援貴族が、生涯年金の支給を約束したといういきさつは、音楽史にもよく登場する有名なエピソードだ。

　それにしても、もしベートーヴェンがこの王国の宮廷楽長になっていたとしたら、壮年期だった彼の作曲家としての業績はどうなっていただろうか。この王は統治能力ゼロ。

派手なパーティー、仮面舞踏会、オペラ、バレエ、女遊びにしか興味はなく、ヴェストファーレン王国という名ばかりの傀儡国家も、わずか六年で崩壊してしまうからだ。そうなれば、いわば泥船に乗ったかたちのベートーヴェンも歴史の渦に翻弄されて、あれほどの晩年の傑作を遺せなかったかもしれない。

パガニーニを取り合った姉妹

さて、次は妹たちだ。このなかに、これからパガニーニの人生に大きく関わってくる女性がふたりいる。長女のエリザと次女のポーリーヌである。

長女エリザ（本名マリア＝アンナ）は、二十歳のときに、コルシカ島出身の軍人フェリーチェ・バチョッキと結婚。エリザは、美男美女ぞろいのナポレオンの兄妹のなかでは、もっとも魅力に乏しかったともいわれるが、修道院の付属学校で育てられたせいもあってか、堅実な性格で芸術を愛した。

そのエリザのまえにパガニーニが登場する。数年間姿をくらましていた噂の名手がルッカで復帰したと聞いて、真っ先に彼に目を付けたのが、ルッカ・エ・ピオンビーノ公国の大公妃になったばかりのエリザだった。

一方、次女ポーリーヌは、ヨーロッパ一と噂されたほどの絶世の美女。兄ナポレオンにもっとも可愛がられた妹でもあった。ローマのボルゲーゼ美術館に、豊満な裸体を横たえた婦人の美しい彫刻がある。これは作者である彫刻家アントニオ・カノーヴァが、超売れっ子で多忙をきわめていたために新規の依頼を断るつもりが、モデル女性のあまりの美しさに目を奪われて、即座に仕事を引き受けたといういわく付きの作品だ。そのモデルとなったのが、ポーリーヌである。

ポーリーヌはヨーロッパ一の美女であるとともに、ヨーロッパ一のあばずれ女ともいわれたが、ともかくその奔放な性遍歴は凄まじい。「どの女よりも可愛いが、最悪の振舞をする女」「このうえなく美しいが、自分自身を愛し、快楽だけを求めている」。これは、彼女と関係したとされる夥しい男たちによるコメントの、ほんの一部である。

このふたりの姉妹は、はたしてパガニーニの愛人だったのか？

そのような詮索をしたくなるが、彼はナポレオンのふたりの妹に囚われた音楽家という、音楽史上ただひとりの貴重な存在となる。彼を巡って姉妹の間でちょっとした争奪戦が繰り広げられることになるからだ。

長女エリザ（上）　次女ポーリーヌがモデルとされるカノーヴァの彫刻作品（下）

二本の弦によるデュエット

一八〇五年五月二十六日。ナポレオン・ボナパルトはミラノで自らをイタリア王であると宣言。イタリアはナポレオンのものになった。ちょうどその頃、数年間姿をくらましていたパガニーニが、ルッカの街に現れた。たちまち街中の噂となり、さらに磨きがかかった妙技を駆使して再び聴衆を酔わせた。

それに目を付けたのが、エリザ・バチョッキ。ナポレオンの妹エリザであった。

彼女がルッカ・エ・ピオンビーノ公国の大公妃として夫とともにルッカの宮廷にやってきたとき、彼女は二十八歳だった。夫であるフェリーチェ・バチョッキはヴァイオリン愛好家でもあり、宮廷楽団を率いるソリストを探していた。天才ヴァイオリニスト、パガニーニは、まさにうってつけの逸材だったわけである。

当時のパガニーニの日記には、こう書かれている。「ルッカ公国は、わたしを宮廷ソリストに任命した。わたしは三年間ここに留まり、そのあいだバチョッキ大公にヴァイオリンを教えることになった」。

バチョッキに教えるだけではおさまらない。パガニーニのとろけるようなヴァイオリンの音色と妙技は、大公妃であるエリザをも虜にした。彼女は、ことあるごとに彼を自分の部屋に呼び寄せ、演奏をさせたり、夜伽の相手までさせたという噂も流れた。のちにパガニーニの妙技として語り継がれることになる「二本の弦によるデュエット」のエピソードが誕生するのが、このときのことだ。

パガニーニの存命中に、本人の公認によるはじめての伝記を書いたショットキーによれば、宮廷楽師としてのパガニーニの主な仕事は、週三回の演奏と、二週間に一度開催される上流階級の人々を招いての公開演奏会、それに御前演奏でオペラを指揮することだったようだ。大公妃はこのような演奏会に顔を出しても、最後まで聴くことはなかったという。何ともけだるい宮廷の日常生活の一端が見えてくるようだ。

ところが、すべての演奏会を熱心に聴き入るひとりの婦人がいた。パガニーニも彼女の熱い視線に気付き、いつのまにかふたりは惹かれあう。ところが、大公妃のまえでは、その感情は秘しておかねばならない。

ある日、彼は、ひとつのアイディアを思いつく。音楽によってふたりの関係をほのめかすような演出をしようというのだ。あらかじめ彼はその女性に、次のコンサートでのサプライズを約束しておく。宮廷には『愛の情景』と題したまったく新しい試みの音楽の夕べを開催すると告知する。

そして、約束の夜。興味津々で見守る高貴な人々のまえに颯爽と現れたパガニーニが手にしていたヴァイオリンには、何と弦が二本しかない。彼はG線とE線（ヴァイオリンの四本の弦のうち、もっとも太い線ともっとも細い線）だけを残して、あとの二本を外していたのだ。何がはじまるのかとざわざわしはじめた観客をよそ目に、パガニーニは、平然と二本の弦だけで、じつに見事な演奏をはじめた。G線を男性に、E線を女性に見立てて、まずはつかのまの口げんか、そして仲直り、最後は愛のささやきとふたりの華麗な踊りで締めくくるというドラマティックな曲を披露したのだ。

彼は、こう記している。「弦が唸りをあげ、溜息をつく。よく回らない舌で話したり、ためらいをみせたり、冗談をいったり、楽しかったりと、さまざまな表情をつける。そして最後は、歓喜のなかでふたりは戯れあうのだ」。

ナポレオン・ソナタ

この見事なアクロバットともいえる演奏を聴いた観衆たちは大喝采。ところが、ひとり心中穏やかでなかったのは大公妃である。ここに登場する女は一体誰なの？　ある伝記には、恋敵を持ったことを知った大公妃は嫉妬に狂い、スパイを放ち、パガニーニの恋人を探ろうとしたが無駄だったとあるが、真偽のほどは疑わしい。

パガニーニの手記には、「大公妃からお褒めの言葉をもらった。そして、二本の弦だけでこれほど見事な演奏ができるのなら、一本の弦で演奏することは不可能かと訊かれた」と書かれている。もちろん、パガニーニが真相をあえて書かなかったということもありうる。真相は闇のなかだ。

ところで、この大公妃の無茶な提案のほうは、パガニーニのさらなる野心を刺激した。彼は王妃に「できます」とひとこと答えると、数週間後に迫っていた皇帝ナポレオンの誕生日（八月十五日）のときに、一本の弦（低音弦のG線）だけで見事な演奏を披露した。これが、のちに『ナポレオン・ソナタ』と呼ばれる独奏ヴァイオリンとオーケストラのための作品である。

一八〇九年、大公妃がトスカーナ大公となると、宮廷はフィレンツェに移る。パガニーニは、前年に解散した宮廷楽団の代わりに設置された弦楽四重奏団のメンバーとなるものの、およそ宮仕えには似合わない自由奔放なパガニーニの宮廷生活は、やがてあっけなく終わりを迎える。次のようなエピソードが伝えられている。

ある日、宮廷舞踏会に軍服の正装に身を包んで現れたパガニーニをみたバチョッキは、

「なぜ楽師ごときが軍隊将校の正装をしているのだ?」と怒り出す。エリザは、パガニーニを近衛兵大尉に任命したのが、数年前の自分だということをすっかり忘れていて、パガニーニに楽師の正装である燕尾服に着替えさせるように側近に命じるが、パガニーニは、自分は大尉の身分証を持っているから心配には及ばないと、頑として応じない、というエピソードである。

このようないきさつが引き金になったのかどうかは定かではないが、彼は、そろそろこの窮屈な宮廷生活から逃げ出す潮時だと悟ったようだ。もともと宮廷生活とはいっても、がんじがらめに縛り付けられていた訳でもなく、比較的自由に演奏のための外出ができる境遇だったこともあり、ある日、宮廷からすたこらさっさと逃げ出した、というわけだ。

肉食系王女ポーリーヌ

もうひとりのナポレオンの妹ポーリーヌ。現代であればさしずめ「最強の肉食系女子」とでもいうべきか。彼女がどのようにパガニーニの生涯に登場したのかをみてみよう。

ふたつの説がある。ひとつは、姉エリザの宮廷で雇われていたパガニーニに興味を示したポーリーヌが、その魅力に一目惚れして、嫁ぎ先のボルゲーゼ家の所領であるストゥピジーニの森での田園生活に彼を連れ込んだという説。ふたつめは、姉エリザの紹介状を携えてやってきたパガニーニを自分の手元に引き留め、姉にちょっとした嫉妬を起こさせようと、妹がいたずら心を起こしたという説。どちらの説にも確たる証拠があるわけではない。

パガニーニのヴァイオリンに魅せられたポーリーヌは、しばしば寝室に呼び寄せ、故郷コルシカの民謡を弾かせたという。真夜中の寝静まった宮廷王女の寝室からは、よくコルシカ民謡のもの悲しい旋律が漏れ聴こえてきたという。彼の弾く故郷の旋律に彼女は何を想ったのか。いまとなっては想像するよりほかない。ましてや王室の秘事にかんすることだ。これもまた真相は闇のなか、である。

淫乱の限りを尽くしたあばずれ女と後世に酷評されることになるポーリーヌだが、彼女が圧倒的な美貌を備えていたことも、また事実だ。革命後の狂乱の時代にあって、己の欲望のまま生きることに何の躊躇もなく、ただ皇帝ナポレオンの妹という特権的な地位を振り回し、ときには振り回された人生だった、ともいえる。

ポーリーヌは、ナポレオンにもっとも愛された妹といわれるが、彼女もまた、兄ナポレオンをもっとも愛した妹であった。

一八一三年、ヨーロッパ列強が反ナポレオンで一致団結すると、ポーリーヌはそれまでの放埒な生活を潔く捨て去り、兄を守るために奔走する。宝石を売って兄の軍資金を用立てたり、流刑先のエルバ島にまで出向いて密使にもなった。

ナポレオンがセントヘレナ島に流されたとき、ポーリーヌは、ローマのボルゲーゼ邸で暮らしていたが、すでに心身は憔悴していたという。衰弱したナポレオンのために英国政府への取りなしを懇願するモントロン（ナポレオンの侍従）の手紙を受け取ると、彼女は、最後の力を振り絞って、英国の重鎮リヴァプール卿に嘆願書をしたためる。

「自分自身の心と語り合いました。私ほど兄を愛しているものはほかにいないことを皇帝に示すことができるよう、強い心が何とか私を支えてくれると信じています」

彼女はモントロンにこう書き送った。

だが、それらの手紙を書き終えた数日後。ナポレオンの死を知らされた彼女は、絶望のあまり床に崩れ落ちて卒倒する。やがて、失意のなかで世を去る。一八二五年六月九日、最愛の兄の死から約四年後のことだった。

イタリア半島の英雄

ナポレオン一族と離れてからのパガニーニは、いよいよイタリア半島を縦横無尽に駆け回り、ヴァイオリンの名手としての活動を本格的に展開することになる。のちにウィーンを皮切りにヨーロッパを縦・横断する大コンサート・ツアーに出発するまでの約十八年間、イタリア半島を舞台に、彼はめざましい活躍を繰り広げるのだ。

なかでも象徴的な公演は、一八一三年十月二十九日、ミラノ・スカラ座でのデビュー公演である。ある新聞記者には「世界一のヴァイオリニスト」と絶賛され、喝采を浴びた彼は、そのままミラノに留まり、この年の暮れまでに、記録に残っているだけでも十数回の公演を立て続けに行い、その名声を確固たるものとした。

そこからは、まさに飛ぶ鳥を落とす勢いだ。翌一八一四年は、中世イタリアの古都パヴィアとジェノヴァ、その翌年以降は、ジェノヴァ、ミラノ、ヴェネツィア、トリエステ、トリノ、ボローニャ、フィレンツェ、ローマ、ナポリなど、まさにイタリア半島を飛び回る大コンサート・ツアーである。この間、悪化する健康状態に悩まされ、病気療養のために中断する年もあったが、このツアーは、じつに一八二八年にウィーンに向けて出発するまで続けられることになる。

なかには、ローマ滞在中に友人でもあったオペラ作曲家ロッシーニから新作オペラの初演指揮者を依頼されて、オペラ指揮者を務めたというエピソードもある。これはあらためて第四章でふれる。

それにしても、パガニーニの名を一躍ヨーロッパ中に轟かせたヨーロッパ・ツアーは、ヴァイオリニストとしては晩年の、いわば線香花火の散り際のような出来事である。この十八年間にわたるイタリア半島ツアーこそが、その絶頂期であった。

ただ、まえにもふれたが、彼が活躍した当時のイタリアは、現在、ぼくたちがイメージする統一国家としてのイタリアではない。その違いを強調するために、この本では、あえてイタリア半島と書くが、そこにこだわる理由は、パガニーニをイタリアという単一国家の音楽家というイメージに染めたくないからだ。

イタリア文化の本領は、多彩な都市文化、つまり「チッタ」と呼ばれる都市が独自の文化を形成してきたところにある。ローマ帝国以降、イタリア半島にはじめて統一国家が誕生したのは、いまから約一五〇年まえに過ぎないと、この本のはじめにも書いたが、イタリアを語るとき、統一国家というよりも、ミラノ、フィレンツェ、ヴェネツィア、ローマ、ナポリなど、個性的な各都市が長い歴史を刻んできた都市国家として語った方が、より歴史的、文化的な本質を語れるような気がするのだ。

チッタとしてのイタリアの魅力は、何といっても街そのものが劇場的なところだ。イタリアを旅する外国人にとって、街を行き交う人々の会話や行商人の歌が渾然一体となるさまは、まるでオペラが街路で演じられているようだとは、よくいわれる。

世界最古の屋内劇場であるヴィチェンツァのオリンピコ劇場は、人間の創り出す悲喜劇の最高の舞台は街路であるという思想から、舞台装置では街路が再現されている。「道が交差すればそこが広場になっていて、そこにテラスがある。テラスはファッション・ショーの舞台になる。都市はファッション感覚の母体だから、都市文化をもともと持っているイタリアは、だからファッショナブルなのだ」。これは、美術史家の若桑みどりのことばである。

一八一四年、ロッシーニの名声がナポリに届いたとき、ナポリの人々は世のなかにナポリ出身者以外の大作曲家がいることに心底驚いたという。音楽の都を自認するナポリ人にとっては、偉大な音楽家がこの街の外に存在することすら信じられなかったのだ。これはスタンダール『ロッシーニ伝』に登場する記述である。

だから、パガニーニのイタリア半島ツアーは、決して同一の文化的基盤を持つ各都市を渡り歩いたというわけではない。彼は、さまざまな個性と文化を持つ多彩な都市を巡りながら、イタリアという国ではなく、イタリア半島の英雄となったのだ。

「比類なきキャラ」を確立

もうひとつ、このイタリア半島でのツアーがパガニーニにとって重要だったのは、この時期に、「比類なきパガニーニ」となるべく、彼はヴァイオリニストとして自身のキャラクターを確立させていったからだ。

パガニーニといえば、何といってもヨーロッパ中を熱狂させたコンサート・ツアーが有名だが、そこで語られた傍若無人な態度や、黒い衣装に身を包んで、人と交わらず、誰とも口をきかず、悪魔と呼ばれても平然としていたキャラクターは、はじめから彼に備わっていたわけではなかった。

一八一六年、ヴェネツィアで有名なヴァイオリニスト・作曲家のルイ・シュポーアに会ったとき、パガニーニは「自分の演奏は大衆向きだから」と卑下して、シュポーアの前で演奏することを固辞したという。その謙虚さというか自信のなさは、大胆不敵な彼のイメージとかけ離れているようだが、ヨーロッパという大舞台で活躍するには、自分にはまだ何かが足りないと、彼は冷徹な自己分析をしていたに違いない。

その「何か」が、技巧だけではなく、自己をいかに演出するかというパフォーマンスの問題でもあることに気付いたとき、彼が猛然と取り組んだのは、自身の個性を存分に羽ばたかせるための、オリジナル作品のレパートリーを増やすことだった。

パガニーニのそれまでの作品は、自身のテクニック修練の目的もあって書いた『無伴奏ヴァイオリンのための二十四のカプリス』や、いくつかの変奏曲を除けば、ギターとヴァイオリンのためのソナタなど、演奏会で大衆を唸らせるインパクトに乏しい、どちらかといえば牧歌的な、美しい旋律のゆったりした作品ばかりだった。

そのせいか、当時彼が演奏会で弾いたレパートリーをみても、メインとなる大曲は、クロイツェル、ヴィオッティ、ロードの協奏曲など、他の作曲家の作品ばかりだった。

これでは自分の個性が発揮できないと、彼は、自作となるヴァイオリン協奏曲の作曲に取りかかる。現在知られているパガニーニの六曲のヴァイオリン協奏曲は、ほとんどがこの時期からヨーロッパ・ツアー中にかけて作曲、発表された作品ばかりである。

これらの作品は、まるで「これぞパガニーニ！」といわんばかりの超絶技巧と旋律美が味わえるように書かれている。ある角度から見れば、これみよがしの軽薄な作品ともいえるが、ヴァイオリンの技巧と表現を知り尽くした希代の天才の作だけに、一度聴くと忘れられない、憎いほど魅惑的、官能的な作品でもある。

ただ、彼はこれらの作品を、まるで種明かしを怖れる奇術師のように、自分以外の奏者に決して演奏させようとはしなかった。作品とは、彼にとって自身のパフォーマンスのためのもので、出版して名声を高めるためのものではなかった。

生涯に十曲以上のヴァイオリン協奏曲を書いたとされるパガニーニだが、現在知られている六曲も含めて、彼の生前に出版されたものは一曲もない。

演奏会のたびに、彼は自作のパート譜をオーケストラメンバーに配り、演奏会が終わると自らそれを回収した。曲を盗まれないようにするためだ。それに、自身のソロ以外のオーケストラ部分は、あまり練習しなくても演奏できるように、ごく単純に書かれていた。これらの協奏曲が、ヴァイオリン独奏の強烈な個性に比べて、オーケストラ部分が平坦に感じられるのは、伴奏のしやすさとともに、ソリストの演奏を引き立てるようにという、巧妙なパガニーニの計算でもあったのだ。

そして、一八二七年。ついに彼が真の比類なき存在となる出来事が起きる。四月二十五日、ローマ教皇レオ十二世から黄金拍車勲章を授けられたのだ。黄金拍車勲章は、ローマ教皇が授与する騎士勲章のなかでもとりわけ位の高い勲章で、五段階のうち第二ランクに相当する名誉ある勲章だ。イタリアを訪問した、かのモーツァルトに授けられたのも、この勲章である。

かくして、イタリア半島を制覇したパガニーニは、悪魔ならぬ騎士《ナイト》となって、イタリア半島を飛び出してヨーロッパ全土にわたる壮大な旅に出発する。いよいよ飛躍のときが近づいてきた。

第三章　喝采と栄華の日々

伝説はアルプスを越えた

イタリアにとてつもないヴァイオリニストがいるらしい！

ドイツ語圏でこの噂がささやかれはじめたのは、パガニーニがナポレオン一族との縁を断ち切って、再びイタリア半島での演奏活動をはじめてまもなくのことだったと考えられる。当時の音楽評論家シリングによれば、ドイツの音楽雑誌がパガニーニに注目しはじめたのは、一八一二年のことだったという。

その後、イタリアを旅したドイツ人による熱狂的な報告がドイツの新聞にも掲載されるようになり、この伝説のヴァイオリニストは、アルプス山脈を越えてオーストリア・ドイツでも人々の噂の的になっていく。記事のなかには、彼の悪魔的な風貌や演奏中の異様な雰囲気を大袈裟に飾り立てたものもあり、人々の好奇心を掻き立てた。

やがて、パガニーニのヨーロッパ・ツアーが実現するきっかけとなる大物政治家が、彼の前に登場する。その名は、クレメンス・ヴェンツェル・ロタール・ネーポムク・フォン・メッテルニヒ＝ヴィネブルク・ツー・バイルシュタイン。オーストリア帝国の外相メッテルニヒである。とんでもなく長い名前だが、当時の特権階級に属する貴族名は、だいたいこんな感じだ。

だが彼は、ただの外相ではない。メッテルニヒ体制ということばもあるように、オーストリア帝国の陰の支配者として、ナポレオン失脚後のヨーロッパに君臨した宰相でもある。

一八一九年四月。バチカンの表敬訪問のためにローマに来ていたメッテルニヒは、オーストリア大使カウニッツの宮殿で、イタリア随一のヴァイオリニストが演奏することを知る。だが、あいにく所用で行けない。そこで翌日、そのヴァイオリニストを招き、ごく身内のためだけに演奏をしてもらうことにした。そのヴァイオリニストが、他ならぬパガニーニであった。

演奏のあまりのすばらしさに驚嘆したメッテルニヒは、その夜にも再び演奏を聴かせてほしいと頼んだほどだったという。そして、ぜひウィーンに来るようにと懇願する。

パガニーニも、よろこんで伺いましょうと約束する。だが、この約束が果たされるのは、それから十年という歳月を経てからのことになる。

一八二八年三月十六日。ついにパガニーニが、ウィーンの地に足を踏み入れる。ここから、ツアーの最終公演となる一八三四年六月のロンドン公演まで、丸六年間、じつに四〇〇公演におよぶ驚異的なコンサート・ツアーが繰り広げられることになるのだ。

かつて誰も聴いたことがないヴァイオリンの超絶技巧と甘い音色に圧倒され、魅了された聴衆のなかには、のちの西洋音楽史に名を刻むことになる大作曲家たちも多く含まれていた。パガニーニに影響を受けた大作曲家たちについては、あらためて第四章でふれるが、ロマン派という近代西洋音楽史の輝かしい時代は、この悪魔と天使が同居したような人物の登場によって彩られたともいえるのだ。

このツアーは、彼にとっても生涯唯一の異国でのコンサート・ツアーであった。このとき、彼は四十五歳。驚くべきことに、この歳までパガニーニは、イタリア半島の外に一歩も足を踏み出したことがなかったのだ。

ヨーロッパ中を震撼させ、人々を熱狂の渦に巻き込み、かつてどの音楽家も手にできなかった莫大な富を手に入れ、伝説のひととなったパガニーニのヨーロッパ・ツアーは、彼がヴァイオリニストとして生涯の終幕で演じた壮麗なパフォーマンスだったのだ。

この章では、まさに伝説と呼ぶにふさわしい、この空前絶後のコンサート・ツアーの日々を辿ってみたい。

イタリアに留まっていた理由

本題に入るまえに、ふたつの疑問にふれておきたい。ひとつめは、そもそもパガニーニは、なぜ晩年になるまでイタリア半島から出なかったのか、という疑問だ。

前章で、壮年期のイタリア半島での演奏活動期に、彼のヴァイオリニストとしてのキャラクターが磨かれていった過程にふれたが、それにしても、各地を放浪する旅芸人ならともかく、彼ほどの演奏家であれば、もっと早い時期にヨーロッパを巡って稼ぐことはできなかったのだろうか。

長くイタリア半島に留まっていた理由には、彼自身の健康問題もあった。病弱だった彼にとって、長距離の移動は肉体的な負担が大きかったために、遠方への演奏旅行を避けていたことは大いに考えられる。というよりも、当時の彼は、とても遠距離の旅行に耐えられる健康状態ではなかったのだ。

パガニーニほど生涯にわたってさまざまな病気に苦しめられ、全身を病に冒された音楽家も珍しい。彼と病については、さまざまな文献が残っているが、なかでも彼の主治医だった医師ベナティの手記や、イタリアの医師ウーゴ・カルカッシの著書を読むと、その生々しく、リアルな病歴の数々に驚かされる。さらには、あのような健康状態で、よくもあれほど意欲的で旺盛な演奏活動ができたものだと感心させられる。

パガニーニは、すでに幼少期から、過敏症によるさまざまな病気に悩まされていた。まずは幼少期の重篤な発疹熱からはじまり、咽頭、気管支、膀胱などの粘膜炎。激しい呼吸困難と痙攣性咳嗽《がいそう》を伴う、重いカタル熱など。

賭博、恋愛などの快楽的で放埒な青年時代のせいか、壮年期になると、さらにさまざまな症状が現れる。特に深刻だったのは慢性的な咳だ。医師のすすめで毒素を抜くために下剤を飲みはじめるが、下剤の乱用は着実に彼の体力を奪い、体重も減りはじめる。

一八二二年、ある医師が、苦痛の原因は若い頃から長期間潜伏した梅毒の感染によるものと診断し、水銀と咳の抑止剤としてアヘンを処方される。パガニーニの病状をさらに深刻にしたのが、このときに投与された水銀薬による慢性中毒である。胃と歯肉が冒され、口内炎と歯周病、歯肉炎によって歯はボロボロに抜け落ちた。

一八二八年、ちょうどヨーロッパ・ツアーがはじまる年のこと。歯の治療のために、彼は歯科医A・M・ド・ヴェルガーニの治療を受けた。このときの彼の歯は、咀嚼できるように糸で括られた状態だったという。すでに下顎は骨髄炎になっていた。ヴェルガーニと三人の医師による治療は、下歯を全部抜くというものだった。とんでもない荒療治にみえるが、当時の歯科治療は、とにかく歯を抜きまくることだったから、当然の治療といえるのかもしれない。

歯がなければ、もはや咀嚼は満足にできないので、ろくなものは食べられない。パガニーニの食事については「まるで小鳥のようだった」という証言もあるが、彼の食生活が極端に貧弱だったのは、このためでもあった。

当然ながら体力は衰え、身体は痩せ細る。この時期の外見の激変は凄まじく、その風貌の変化に驚いた知人たちは、誰もが「死人のような青白さ」と「くすんだ顔色」を指摘したという。本人も、自身の風貌について、「ひどく醜くなった」と嘆いている。若き日の颯爽とした面影は、ウィーンに旅行する頃にはすっかり失われてしまっていた。ヨーロッパの聴衆のまえにパガニーニが姿を現したとき、すでに彼の全身は病魔に蝕まれていた。病的なほどやせ細り、腕だけは長く、顔は青白いという不気味な風貌は、

「悪魔」のせいというよりも、「病魔」のせいだったのだ。病による苦痛のために、口数も少なく、人付き合いも避けるようになっていく。劇場で演奏するとき以外の昼間は、ほとんどホテルの部屋に閉じこもって外には出ない。そのような生活習慣の変化も、パガニーニの悪魔伝説に一役買ったことは間違いない。

「子連れ狼」のコンサート・ツアー

ふたつめの疑問は、このような悲惨な健康状態だったにもかかわらず、なぜパガニーニは長期のヨーロッパ・ツアーを断行したのか、という逆の疑問だ。

じつは、このときのパガニーニには家族がいた。ひとり息子のアキーレと、その母親である愛人アントニア・ビアンキである。

アキーレが生まれたのは、一八二五年七月二十三日。パガニーニが四十二歳のときだ。アキーレの母となる歌手のアントニアとは、パガニーニがイタリアでの演奏旅行の途中に出会った。一八二四年のことだった。彼女と恋に落ちたパガニーニは、はじめは結婚も考えたようだが、贅沢な宝飾品や毛皮を欲しがる浪費家で嫉妬深い性格に嫌気がさして、その気は失せていった。

息子アキーレ

ところが、思いがけないことに、そのアントニアが男児を出産した。パガニーニは狂喜する。ギリシャ神話の英雄アキレウスにあやかって、彼はわが子をアキーレと名付ける。愛くるしいひとり息子のアキーレは、悪魔と呼ばれた孤独な男に天が授けた、まさに天使そのものだった。

パガニーニは、このひとり息子を溺愛する。愛するわが子のためならば、何だってやる。おまえのためならば、地獄だろうがどこへでも行ってやると誓ったかどうかはわからないが、ここからの彼の行動の端々には、息子アキーレのためなら！　という父親としての切実な想いが滲み出ている。

アキーレは、のちに聡明な秘書として、また有能な通訳として父に寄り添い、その活動を助けることになるが、それはまだ先の話だ。父としては、自身の健康上の不安もあり、いつまで息子と一緒に居てやれるかどうかはわからない。そこで、演奏できるうちに稼ぎに稼いで、できるだけ遺産を残してやりたいと思ったのは自然なことだった。

パガニーニが、生まれたばかりの息子とその母親を伴って、住み慣れたイタリア半島を離れ、ヨーロッパを巡るコンサート・ツアーに出発する決心をした本当の動機は、じつはここにあったのではないか。ぼくはそう考えている。

彼は、はじめから息子を連れて旅するつもりだった。このコンサート・ツアーは、愛しい息子との旅巡業でもあった。まさにイタリア版「子連れ狼」である。

ただ、乳児の死亡率が非常に高い当時のことだ。旅行に耐えられるだけの体力が息子に備わっていることをみきわめるために、父は子供の成長を慎重に見守った。そして、息子が三歳の年を迎える春、ついに意を決してイタリアを出発するのだ。

音楽家が「稼げる時代」の幕開け

まさに絶妙なタイミングだった。最初に訪れたウィーンでは、すでに十年以上もまえから、この驚異のヴァイオリニストの噂が流れていた。人々はいまかいまかとパガニーニの登場を待ち望んでいた。そこに、満を持して本人が登場したのだ。

マーケットを一種の飢餓状態にしておくことは、マーケティングを成功させる秘訣である。彼がそれを狙ってわざとそうしたとは考えにくいが、ともかく、はじめから成功は約束されたようなものだったといえるかもしれない。

こうしてはじまったパガニーニのヨーロッパ・ツアーは、ウィーンを皮切りにプラハ、ドレスデン、ベルリンを経て、ワルシャワ、フランクフルト、ライプツィヒ、シュトゥットガルト、ハンブルク、パリ、そしてロンドンへとつづく。パガニーニが演奏のために訪れた街の数は、わかっているだけでも優に一〇〇を超える。

それにしても、本人もまさかこれほどの長期ツアーになるとは予想していなかっただろうとはいえ、計六年間、約四〇〇回に及ぶ公演数というのは、健康状態や当時の交通事情を考えると、尋常な数ではない。街から街へと渡り歩き、喝采を求め続ける獣のような貪欲さと、守銭奴ともいえる金銭への異常な執着は、ただ演奏家としての名誉や報酬のためというだけでは説明できない、鬼気せまるものがある。

だが、たとえパガニーニが天才的なヴァイオリニストだったとしても、それだけで巨万の富が稼げるわけではない。演奏家が巨万の富を稼ぐためには、演奏が巨万の富を産むという社会的システムが整備されていることが前提となるからだ。

あたりまえだが、演奏家がいても、まずは演奏するための劇場と、お金を払って演奏を聴きに来る聴衆がいなければ、演奏会は成立しない。だが、そのシステムが確立したのは、じつはそれほど昔のことではない。

モーツァルトは、予約客を募った予約演奏会を何度も催したが、最初の頃は物珍しさもあって、貴族や音楽愛好家などがこぞって集まったが、そのうちには飽きられて、最後は予約客がたったひとりという悲惨なことになったたし、ベートーヴェンも自主公演を何度か開催したが、雑多な経費を除くと、さほど収益があったわけでもなかった。

西洋音楽史を代表する大天才でさえこのありさまだ。それまで、主に宮廷に仕えていた音楽家たちにとって、演奏行為そのものは、そもそも儲かる仕事ではなかったし、彼らにとって演奏は主人に仕える業務（仕事）であって、儲けるためにやっていたわけでもなかった。

音楽家が現代的な感覚の「大金」を稼ぐことができるようになったのは、十九世紀も終盤になってから、とくにアメリカ合衆国という経済大国の出現によってである。

たとえば、『交響曲第九番「新世界より」』で有名なチェコの作曲家ドヴォルザークが、一八九二年、ニューヨークに新設された音楽院の院長として渡米したときに提示された年俸は、一万五〇〇〇ドル。この金額は、苦労して祖国の名士となり、晴れてプラハ音楽院の教授となったときの彼の年俸の、じつに二十五年分に相当する金額だったという。

マーラーがニューヨークに渡ったのも、莫大な報酬に目を眩まされてのことだったたし、当時のヨーロッパの音楽家たちが、わざわざリスクを負って膨大な時間をかけて未知の大陸に渡ったのは、いわば札束で買われたという側面もあったのだ。

ベートーヴェンやシューベルトの同時代人であったパガニーニが生きた時代は、まだ音楽家がエンターテイナーとして稼げるような、アメリカン・ドリームの時代ではなかった。だから、時代は変化していたとはいえ、天才モーツァルトやベートーヴェンでもできなかったようなことをパガニーニは成し遂げた。その意味で彼は、まさに時代の先駆者として、西洋音楽史に燦然と輝く存在といえるのだ。

ウィーンでの大旋風

ハプスブルク家の壮麗な都ウィーン。モーツァルト、ベートーヴェン、シューベルト、ブラームスなど、名だたる巨匠たちが暮らした音楽の都ウィーン。だが、きら星のように多くの音楽家たちがひしめく当時のウィーンにあっても、パガニーニの登場がいかに鮮烈なものだったかは、ある批評家のこの一文を読めばわかる。

「この街で、こんな大騒ぎを巻き起こした芸術家は、このヴァイオリンの神がはじめてだ！　大衆が金を払いたがるコンサートなどいままでなかった。それに、音楽の巨匠の評判がこれほど下層階級まで広がったことも、わたしの記憶にない」

パガニーニがウィーンに到着したのは、一八二八年三月十六日。ウィーンにおけるデビュー公演は、三月二十九日、レドゥーテンザール（宮廷舞踏会場）で開催された。プログラムは、前年に世を去ったベートーヴェン（一八二七年三月二十六日没）の没後一周年を記念して、ベートーヴェン『レオノーレ』序曲からはじまり、パガニーニ作曲の『ヴァイオリン協奏曲ロ短調』、十八番のG線一本で弾く『ナポレオン・ソナタ』、最後はロッシーニの『「チェネレントラ（シンデレラ）」よりラルゲットの主題と変奏曲とロンド』で締めくくるというものだった。

「この演奏会の印象は、到底ことばには言い表せない。目撃者の話では、コンサートが終わって何時間たっても街中人であふれ、パガニーニの話で持ちきりだった」という記述からもわかるように、まさにウィーンにパガニーニ大旋風が吹き荒れたのだ。

そのデビュー公演が開催されたレドゥーテンザールは、宮廷の舞踏場だが、いわば巨大なダンスホールで、とにかくだだっ広いためにコンサート会場に利用されることはほとんどなかった。

まだサロンで交響曲が演奏されていたような時代である。これは、たとえていえば、サッカー会場の巨大なアリーナで数万人の観衆を集めてヴァイオリン・リサイタルをやるような感覚だ。そのレドゥーテンザールを、たったひとりのヴァイオリニストが、連日超満員にしたのだ。

初回こそ入場料のあまりの高さに来場を渋った観客たちも、パガニーニの噂がたちまち街中に広まるやいなや会場に殺到した。翌月に行われた二回目の公演には、ウィーンの王族が全員参加し、数千人が帰らなければならなかったという。こうしてはじまったパガニーニのウィーン・ツアーは、七月二十四日の最終公演までのわずか四ヶ月間に、記録されているだけでもじつに十四回もの公開公演が開かれることになった。

このウィーン・ツアーの収益は、一公演あたり二〜三〇〇〇フローリンに達したといわれている。全額が彼の手元に入るわけではないにしても、このたった約四年前に、ベートーヴェンがウィーンで催した自主公演の収益が、わずか八八〇フローリンに過ぎず、手元に一七八フローリンしか残らなかったことと比較すれば、けた外れの数字である。

ただ、パガニーニの時代は、まだようやく演奏会システムが整備されつつあった過渡期でもあるので、きちんと入場料を徴収するための苦労もあったようだ。たとえば、当時の劇場では、構造上の問題と、現代のように案内係によって厳密にチケットコントロールがされていたわけではないので、タダ見客の多さに手を焼いていた。そこでパガニーニは、客がすべて着席すると、自ら劇場の扉に鍵をかけてから演奏をはじめたというエピソードも残っている。

パガニーナー紙幣

すさまじい熱狂だった。何もかもが常軌を逸していた。特筆すべきは、貴族や比較的裕福な市民層など、いわゆる音楽に金を払える層だけでなく、中流以下の下層階級をも含めた圧倒的多数の大衆たちが、熱狂してホールに押し寄せたことだ。

こんなことは、ウィーンでもかつてなかった。先に引用した批評家の文章に「大衆が金を払いたがるコンサートなどいままでなかった」とあるが、これは、それまでは大衆が金を払って演奏会に行く習慣がなかったとも読める。とすれば、パガニーニは大衆向けエンターテインメントという新たなマーケットを開拓したということになる。

ともかく、ウィーンの街に、社会現象というべき大フィーバーが巻き起こった。それを象徴するエピソードがある。パガニーニ公演の最も安いチケット料金は五グルデンだったが、ふだんコンサートには縁のない下層階級の人々までもが、彼らにとって高価な五グルデン紙幣を握りしめて殺到したものだから、当時のウィーンでは、五グルデン紙幣が「パガニーナー」と呼ばれたほどだったという。

ある証言によれば、会場に入れなかった数百人の人々が、この噂のヴァイオリニストの姿を見ることもできずに、ホール横の廊下でただ演奏に耳を傾けていたという。

パガニーニのデビューコンサートの様子を伝える新聞記事がある。ウィーン聴衆の驚きがそのまま現れたような興味深い文章なので、やや長いが紹介したい。

「彼の演奏を耳にしたことのない者は、彼についておそらくどんなかすかなイメージもまとめることはできないだろう。その演奏を分析することは絶対に不可能だ。どんなに予行演習しても、そんなものは何の役にも立たない。新しい惑星が現れて、カーブも半径も決定できない軌道上を動くとき、あれこれ予想してみても導けるのは仮説でしかない。彼が手にしたヴァイオリンがどんな人間の声よりも美しく感動的に響くとか、彼の火のような魂が誰の心も奮い立たせてやまない輝きを注ぎ込んでいるとか、歌手なら誰もが彼の演奏から学ぶことができるとか、あらゆる表現を並べてみたところで、わたしたちは彼の演奏のたったひとつの特徴についてすら、その印象を充分伝えられるように語ったことにならないだろう。パガニーニの曲には人間業でないテクスチュアがある。ただひたすらに純粋な音楽なのだ。その裁定に知性の助けを求める必要は全くない。心だけが誰にも異存のない形で支配力を行使する。不滅の精神が、抗い難い憧れの翼に乗って無限に上昇していく。もっと楽しい音の絵でさえ、月が地上の池に映っているような光景になり、心は永遠の日々を求めて叫び声を上げる。その戯れは、甘い夢を見る幼い天使の微笑み。そのアダージョは天界の歌。彼の音楽を聴かねばならぬ、絶対に！そうすればきっと、彼を確かなものとして実感できるだろう」

「パガニーニ・グッズ」大流行

まるで、ウィーンの街中が「パガニーニ」という熱病に冒されたようなものだった。街中のいたるところに「ア・ラ・パガニーニ（パガニーニ風）」が出現した。街のパン屋には、さっそくヴァイオリンや弓の形をしたパンが並んだし、カフェではヴァイオリン型のケーキが供された。高級レストランでは給仕が「ア・ラ・パガニーニはいかが？『パガニーニ・シュニッツェル（カツレツ料理の一種）』、『パガニーニ・ステーキ』もございますよ！」と勧めてきたという。

ヴァイオリンのイラストやパガニーニのイニシャルが刺繍されたハンカチやネクタイ、パイプ、タバコケースに至るまで、ありとあらゆるパガニーニ・グッズが登場した。なかには、精緻なパガニーニの肖像が描かれたものもあったとか。上流階級の貴婦人たちのあいだでは、彼の髪型をヒントにちぢれ毛を束ねて肩まで垂らすパガニーニ・ヘアーが流行ったという。じつに驚くべき熱狂ぶりだ。

のちにパガニーニ自身が語るエピソードがある。ある日、ホテルに向かう彼を乗せた辻馬車の馭者が、五グルデンという馬車運賃としては法外な金額を要求してきた。訊くと、パガニーニの演奏会をどうしても聴きたいから、その入場料金だという。おもしろがったパガニーニは、五グルデンとコンサートの入場券も渡してやった。

その翌日、コンサートを聴きに来たその馭者が、ホテルに訪ねてきた。訊くと、自分は貧乏人で四人の子持ちで、しかもあなたと同国人ですと自身の窮状を切々と訴える。何が望みだと聞くと、ただ、馬車の横に「パガニーニのお気に入りの馬車」という看板を掛けさせて欲しいだけだという。好きにすればいいと答えると、たちまちこの『パガニーニの馬車』はウィーン名物となり、客であふれかえり、馭者は大儲けをした。おまけにこの馬車をあるイタリア貴族に法外な値段で売り、その利益でパガニーニが泊まっていたホテルを買い取ってしまったという、とんでもないオチまでついている。

ウィーンで大成功を収めたパガニーニは、滞在四ヶ月を経た七月五日付けの手紙で、故郷の友人で弁護士のルイジ・ジェルミに宛ててこう書いた。

「この夏、ぼくは、ミュンヘン、プラハ、ドレスデン、ベルリン、フランクフルトとシュトゥットガルトに行く。続いて、ストラスブルクとシャロン、それにパリとロンドンに行くのは来年の四月になるだろう」

同じ手紙には、体調がそれほど悪くなければ、ウィーンで十四回目の公演を行うことになると書いているが、ここには音楽の都ウィーンを制覇したという自信がうかがえる。このままヨーロッパを制覇するという野望が、この成功でふつふつとみなぎってきたのかもしれない。

そして、この予告どおり、パガニーニは馬車を駆って、まるで疾風のようにヨーロッパ中を駆け抜ける。すべての街でセンセーションを巻き起こし、聴衆を興奮のるつぼに叩き込む。

だが、この六年間のツアーの最後まで、ずっと彼と行動を共にした家族は、息子のアキーレだけだ。母親のアントニアとは、ウィーンを去るまえ、すでに離別していた。

それまでも、彼はアントニアの浪費とわがままな振舞いにほとほと手を焼いていた。友人のなかには、病気のときに介抱をしてくれる女性を傍に置いていた方がいいのではとアドバイスする者もいたが、「病気の時こそ傍にいてほしくない女だ」と手紙で答えている。

そこで、手切れ金を渡してアントニアと別れることにしたのだが、そこはしたたかな彼女のことである。アキーレを父親に引き渡す条件として莫大な金銭を要求してきた。彼はそれを支払い、彼女のために慈善演奏会まで開いてやった。それを懐にイタリアに帰ったアントニアは、のちにミラノでブルナーティという男と結婚している。

ベルリンの乱闘公演

ウィーンを離れたパガニーニは、ボヘミアの山間にある温泉保養地カルロヴィ・ヴァリにしばし逗留する。文豪ゲーテや楽聖ベートーヴェンも訪れた有名なスパ・リゾートである。祖国ポーランドを離れたショパンが、両親と一度だけの最後の再会をしたのが、この地だ。ここで生涯を終えた音楽家もいる。その名も、フランツ・クサヴァー・ヴォルフガング・モーツァルト。かの天才モーツァルトの末息子である。父はクサヴァーが生まれて四ヶ月後に他界したため、直接教えを受けることはなかったが、偉大な父の跡を継いで音楽の道に進む。母の期待を背負って「モーツァルト二世」として売り出すもののまったく売れず、不遇のうちにこの温泉地でひっそりと息を引き取るのだ。

さて、パガニーニは、客もまばらなシーズンオフの避暑地でわずか二回だけの演奏会を開き、しばらく静養したのち、十一月にプラハに到着する。いくつかの演奏会を開き、翌年一月のドレスデン、ライプツィヒを経て、ついにベルリンに着く。一八二九年二月十五日のことであった。

すでにウィーンからのニュースはこの街にも届いており、パガニーニのベルリン入りは、多くの聴衆が待ち構えるなか、まるで凱旋将軍のようだったと伝えられている。ベルリンの聴衆は、一般に沈着、冷静といわれるが、パガニーニについて記された新聞記事や手紙を読むかぎり、誰もが興奮を抑えられなかったようだ。

たとえば、かのメンデルスゾーンの師匠であり、ゲーテとも親交のあった音楽家カール・フリードリヒ・ツェルターは、パガニーニの印象をゲーテに宛ててこう書いている。「人間の持つ可能性には驚くばかりです。彼の演奏はまさに彼のおもいのままの域に達しており、ヴァイオリンの名人たちにも全く理解できない代物です。彼の存在は音楽以上のものです!」

批評家で詩人のルートヴィヒ・レルシュタープはこう語る。「パガニーニの協奏曲のアダージョはさして複雑というわけではなく、おそらく学生が弾いても難しくはないだろう。だが、私は生涯にあれほどの悲しい調べを聴いたことがない。まるで苦悩する人の傷心が悲しみに張り裂けそうになっているようだ。音楽にあのような響きがあるとは思わなかった。和音から旋律が奏でられると、彼ひとりが大きな演奏会場に立ち、そこに座っているすべての者は、演奏者から空気を奪うのを恐れるように、息を殺していた。演奏が終わると、それまでの喝采など嘘のような歓呼の声がこだました。ベルリンの聴衆がこんなふうに沸いたのを私はみたことがない」

ベルリンの聴衆たちの熱狂が、いかに凄まじかったかがわかる一枚の風刺画がある。舞台で演奏するパガニーニ。それに群がる聴衆たちの後方では、群衆は完全に暴徒化して、殴りかかるもの、ジャンプして蹴りを食らわすもの、気絶して倒れるものなど、もはや演奏会というよりも乱闘である。

ベルリンの演奏会での熱狂シーンといえば、のちに、ピアノの魔術師といわれたフランツ・リストが貴婦人たちをバタバタと失神させた演奏会が思い出される。そのリストがベルリンにやってくるのは、パガニーニから遅れること十二年後の一八四一年十二月。リストに熱狂する貴婦人たちを描いたホーゼマンの有名な風刺画があるが、パガニーニの風刺画に比べると、リストの方は優雅にさえ映るほど、この光景は強烈だ。

ベルリンの乱闘公演

パリで栄光は頂点に

ベルリンでの大成功を経て、パガニーニはフランクフルトで一度だけの演奏会を開いたのちに、ポーランドの都ワルシャワを経由してもう一度フランクフルトに戻り、マンハイム、ライプツィヒ、ワイマールなどをまわり、ハノーファー、ハンブルクなど北ドイツ各都市での公演を終えて、またフランクフルトに戻る。この街は、彼のお気に入りだったようだ。

そして、ストラスブルクを経て、ついにパリに到着する。一八三一年二月二十四日のことだ。イタリアのミラノを出発したのが、一八二八年三月六日だから、祖国を離れての演奏旅行も丸三年が経とうとしていたことになる。

パリこそは、パガニーニの栄光が頂点に達した街であり、どこよりも彼に敵意を剝き出しにした街でもあった。敵対する人物はときにジャーナリストであったり、慈善団体であったりとさまざまだが、執拗な攻撃に身の危険を感じることさえあった。

当時のパリは、ちょうど前年に巻き起こった七月革命で、復古王政によって一度復活したブルボン王朝が再び倒されるなど、激動のただなかにあった。

パリに到着したパガニーニは、即位したばかりの国王ルイ・フィリップの招待を咳で体調が悪いという理由で断る。彼を敵視する人々は、その態度を尊大と非難する。体調が快復すると、同じイタリア半島出身でオペラ界の超人気作曲家ロッシーニの助力もあって、パリで最初の演奏会をオペラ座で開催することになった。街中のいたるところにポスターが貼られ、パガニーニはまるで指名手配犯のようでもあった。

三月九日を皮切りに、約七週間で計十一回催されたパガニーニのオペラ座公演には、毎回、パリのセレブリティたちが押し寄せた。音楽家だけではなく、画家、作家、詩人などの芸術家から、王侯貴族、政治家、銀行家まで、あらゆる階層の著名人が集った。顧客リストのなかには、のちにショパンの愛人となる女流作家のジョルジュ・サンド、オペラ作曲家のルイジ・ケルビーニ、ロッシーニ、フランソワ・オーベールなどがいた。

批評家・劇作家のフランソワ・カスティル・ブラーズはこう評した。

「所有物を売り払え。全部質に入れてでも彼を聴きに行け！　最高の驚嘆。最高の驚き。すばらしい奇跡だ。最も信じられないこと。最も異常で、かつて起こったことがないこと！　タルティーニは夢で悪魔が悪魔のソナタを弾くのを見たというが、悪魔は紛れもなくパガニーニだった！」

ヨーロッパ中のありとあらゆる芸術家たちを引きよせる芸術の都パリの人々にとっても、これほど異様な演奏会はなかった。このとき、公演を聴いた画家のドラクロワが描いたパガニーニの肖像画が、この本の冒頭で紹介した一枚である。

パガニーニの風貌を文章でうまく描写したのは、ランゴン伯爵夫人だ。

「彼の才能が顔に表れていると想像していた。もし美しくないとしても、醜いはずはないと。幻滅した。私は舞台にひとりの男が入ってきたのを見た。ほとんど捻れたような格好で大きな耳をしていた。襟にかかるほど長い黒髪に縁取られた長い四角い顔、それに古い総裁政府時代の服装だった。彼の耳と口は他の外観と調和していた。暗い炎に焼かれた深くくぼんだ目もそうだ。全てが悪魔のような外観を人物全体に与えた。でも、ヴァイオリンのことを話すと、紛れもない熱意が感じられた。私は魅了された。もう彼を醜いとは思わなかった。そしてオペラ座でヴァイオリンの神のような音色を聴いたとき、別の世界に連れて行かれたように感じた。この魔術師を前にすると、何が起ころうと準備はできていた。悪魔そのものが現れたとしても、驚かなかっただろう」

パリにおけるパガニーニの登場は、ウィーンやベルリンなど他の都市と比べても、ひときわセンセーショナルだった。パリでの成功を、彼は故郷の友人のジェルミに宛てて、こう書いている。

「パリでの僕の驚異的な成功を君に伝えるのは不可能だ。一昨日は、ロンドンのキングス劇場の支配人ラポルト氏と契約した。僕は来月の初めにロンドンで連続コンサートをすると約束した。八週間のうち、少なくとも六回は開くと。パリでの短期間でのコンサートが、毎回成功するのは驚異的なことだ。一年前に来ることができていたら、億万長者になっていたことだろう」

だが、常識的にみて、パガニーニはもはや立派な億万長者である。このとき、パリのオペラ座で開いた計十一回の公演だけで、彼は十六万五七五一フランも稼いだ。

十六万フランとは、いったいどれほどの価値だろうか。当時の貨幣価値を現代の貨幣価値に換算するのは、物価概念の違いもあってほぼ不可能だが、それでもあえて仮に一フランを一〇〇〇円とすると、ざっと一億六〇〇〇万円という計算になる。あくまで参考値に過ぎないが、ひとつだけ確かなのは、それまでこんな額をたった十回程度の演奏会で稼いだ音楽家など、誰ひとりいなかったということだ。

興行師としての戦略

パガニーニのヨーロッパ・ツアーにおける戦略は、どの都市でもほぼ一貫していた。チケット料金を通常の二倍に引き上げる。最初は料金が高すぎてそっぽを向いていた聴衆も、彼の演奏のあまりの素晴らしさが街中の話題になると、どうしても自分の耳で確かめたくなる。感動を味わってみたくなる。ついには、われもわれもと競ってチケットを買い求める、というわけだ。スゴ腕興行師さながらの見事な手腕である。

ただ、これが当時として、いかに画期的なことだったかは、現代の演奏会システムに慣れているぼくたちには、なかなかわかりづらい。だが、音楽享受の主流が王侯貴族からブルジョワ層に移行しようとしていた十九世紀はじめと現代では、演奏会システムと環境がまったく異なっていたのだ。

そもそも演奏家が自力で演奏会を開くなど、まだ不可能に近かった時代である。音楽マネージャーという職業もまだ存在していなかったので、興行主がいない場合に演奏会を開くためには、会場を探し、広告を出して、チケットを売り、開催するということまでのすべてを、演奏家がひとりでやらなければならなかった。

演奏会場の来場者コントロールすら、まともに出来ていなかった。たとえば、数百人しか収容できない会場に、金を払ってくるのは、せいぜい聴衆全体の三分の一程度で、あとは招待客か、もぐりの客というような公演もざらにあったという。そのような状況では、演奏家が自主公演を開いても採算が合うはずがなかった。

だが、そこはパガニーニだ。抜け目のない彼は、招待券などはほとんど配らず、会場の切符係も自分でやり、チケットを売り切ると自分で会場の入り口に鍵をかけてから舞台に上って演奏したこともしばしばあったという。

いかに聴衆を惹き付け、よろこばせるかという演出も演奏家の力量のひとつだが、パガニーニは、プログラム構成や演出もじつに巧みだった。当時の演奏会は、いわば自作自演のオンパレードが主流だったが、たとえばウィーンの公演では、地元の名士ハイドンの主題による変奏曲をさりげなくプログラムにしのばせてみたり、パリ公演では、わざわざこの街のために作曲した新作の協奏曲をひっさげて、オーケストラをバックに華麗に披露するなど、演出上の工夫を怠らなかった。

ただ、オーケストラとの共演を実現させるのも、当時は決して簡単ではなかった。いまでは、協奏曲はオーケストラ公演では普通に演奏されるが、既設のオーケストラがほとんど存在しなかった当時では、基本的には演奏家自らが自腹で楽団員たちを雇い入れて、オーケストラを組織しなければならなかったからだ。つまり、共演者としてオーケストラを従えるというのは、よほどの財力がなければ不可能だったのだ。

一八二九年三月四日のベルリン公演では、自作の協奏曲（第一番）を演奏するために、パガニーニは自ら二十五人からなるオーケストラを組織したという記録が残っているが、彼ほどの圧倒的な収益力を誇る演奏家ですら、自作の協奏曲を演奏するオーケストラの楽団員は、この人数を超えることはなかったといわれている。

ロンドン上陸

一八三一年四月二十八日。パガニーニはパリを発って、ロンドンに向かう。意気揚々といいたいところだが、三年間に及ぶ過酷なコンサート・ツアーは、着実に彼の健康を蝕んでいた。ドーヴァー海峡を無事に越えられるかどうかさえ危ぶまれるほど肉体は衰弱していたが、船に揺られて何とか海峡を渡りきり、ついにロンドンに到着した。

霧の大都市ロンドン。ヨーロッパのどこよりも早く産業革命による近代化を成功させたロンドンは、当時世界最大の都市だった。歴史家ターシャス・チャンドラーによる一八二五年当時の都市人口推定によれば、パリの約八十六万に比して、ロンドンは約一三四万と、その差は圧倒的である。

近代都市となったロンドンは、都市化による闇がどこよりも深く立ちこめた都市でもあった。十八世紀の犯罪率は異常に高く、高度に密集した人口密度のせいで頻繁にコレラが発生するなど、犯罪、衛生のあらゆる都市問題を抱えていた。レイチェル・シュタイアの『万引きの文化史』という本によれば、万引きの歴史は、十六世紀後半のエリザベス朝時代のロンドンにはじまったのだという。多彩で魅力的な商品を陳列した商店がどの街よりも早く誕生したからというのが、その理由だ。

このヨーロッパ随一の商都ロンドンに、パガニーニはやってきた。ところが、いきなり彼を戸惑わせることが起こる。それまでヨーロッパの各都市ではふつうに受け入れられていたようなことが、この大都市ではまったく通用しなかったのだ。

当時のロンドンは、政治的にも経済的にも混乱のなかにあったが、ロンドンの劇場支配人で興行主であったラポルトは、そんなことはおかまいなしに、これまでと同様に、キングス劇場でのパガニーニの初公演の料金を二倍にした。だが、こんな無礼は許さないと、キングス劇場の常連たちが猛抗議したのである。

これはパガニーニにとっては予期せぬことだった。英国人は騙されやすいとか、金遣いは荒く見栄っ張りだとか、彼はそのような噂を吹き込まれていたようだが、ヨーロッパのどの都市よりも経済的に成熟したロンドンと英国人たちを少し甘く見ていたのかもしれない。この騒ぎが大きくなると、さすがのパガニーニも病気を理由にコンサートを中止にせざるを得なくなる。パガニーニの英国ツアーは、こんな波乱の幕開けとなった。

結局、公演チケットは通常価格で販売されることになり、ようやくパガニーニの英国ツアーは、ロンドン・キングス劇場を舞台にその幕が開く。一八三一年六月三日のことである。

英国の一年で八十億円稼いだ!

だが、いったん劇場の幕が開いてしまえば、聴衆の心はもはやパガニーニのものだ。イギリスの代表紙ザ・タイムズは、冷静に最大級の賛辞を送った。「パガニーニはおそらく史上最高のヴァイオリン奏者であるだけでなく、神の域に達した唯一の人間だ。彼を適切に判断するには、演奏を聴くべきである。彼は、疑問の余地なく、現代でも過去でも最も秀でた音楽の天才だ」

パガニーニ自身は、初公演から五日目、故郷の友人ジェルミにこう書き送っている。

「君が英字新聞を読めたら、無比の熱狂を知ることになるだろう。イタリア様式の大劇場での最初のコンサートで、冷ややかな英国人を刺激してやったよ。オーケストラ席もボックス席も二階席も劇場中が荒海のようになった。こんな大成功は前代未聞だと誰もが口をそろえる。演奏したら、敵意のある中傷が、いいようのない賞賛に変わった」

ロンドンからはじまったパガニーニの英国ツアーは、まさに疾風怒濤の勢いだった。六月だけで、ロンドンを中心に二十一回の公演を開き、ダブリン、グラスゴー、エジンバラ、マンチェスターなど主要都市だけでなく、周辺の小さな街まで、パガニーニは、英国中を網の目のように執拗に巡回する。途中、数度だけフランスに渡ったほかは、じつに三年間にわたって、英国を拠点に演奏活動を行うことになる。公開演奏会数は、把握されているだけでも、じつに二五〇回に及ぶ。とても信じられないような数字だが、まったく好奇の眼差しを失わない聴衆に対して、もっとも驚いたのが、パガニーニ本人だったかも知れない。

イギリスでのツアーがはじまって約二ヶ月後の八月十六日。ジェノヴァの友人に宛てた手紙にこう書いている。

「ぼくへの好奇心は、もうとっくに消えてもいいと思う。今日までに、ぼくはここで五十回以上（原文ママ）も公開演奏をしたし、新聞にはありとあらゆる記事やポートレートが掲載された。にもかかわらず、ぼくがホテルを一歩出るや、たちまち好奇心に満ちた人々の群れが押し寄せ、つきまとい、ぼくにはわけのわからない英国の言葉で話しかけてくる。まるで彼らは、ぼくが血が通った人間であるかどうかを確かめようとでもしているみたいだ」

パガニーニは、聴衆のすさまじい好奇心を逆手にとって、英国というヨーロッパ随一の経済大国から、カネを搾り取れるだけ取ってやろうとでも考えたのだろうか。公演収支を手帳に書き込むことを習慣にしていた彼は、ロンドンでの最初の六公演の収益を、一万二一二ポンド十一ペンスと几帳面にも端数まで記録した。これを現在の貨幣価値に置き換えてみると、驚くべきことに、ざっと十二億円（一八六二年の生麦事件で日本側から英国に支払われた賠償金額を参考に計算）に相当する。

英国で一年間に開催した一五一回の演奏会の収益が、彼の体重の五倍の純金に相当したという信じられないような証言もある。これもどれほどの金額になるのか、試しに調べてみた。当時、英国で流通していた金貨は、金本位制を採用した一八一六年の貨幣法によって制定され、一八一七年から発行されたソブリン金貨である。この金貨は、一ポンドあたり七・三二グラムの純金が含まれていたというから、仮にパガニーニの体重をやや軽めの六十キロとして、五倍の純金三〇〇キロに相当する金貨は、約四万一〇〇〇ポンド、ざっと約八十億円（！）だ。とんでもない金額だが、たった一年間のツアーの収益が、いかに桁外れな数字だったかは想像できる。

ただ、公演の収益がすべてパガニーニの懐に入ったわけではない。前項で登場した興行主のラポルトのほかにも、彼の周囲には幾人もの興行主や各種団体関係者たちが、まるでアリのように群がっていた。なかにはことば巧みに近寄ってきて、収益も見込めないような公演をさせられるはめになることもあった。悪魔のようなパガニーニでさえ、ときには騙されることもあったのだ。

満身創痍

イギリスでの数年間のツアーも終盤に近づいてくると、パガニーニは深刻な疲労や病気に苦しむようになり、そろそろ帰国も考えはじめていた。

故郷の友人ジェルミに宛てた手紙には、こうある。

「具合が悪い。魔術的な音楽を生み出すため、身体を走る電流に身体を冒されている。祖国で君の傍らで過ごせば、命も長引くだろう。正直なところ、ぼくが悪魔と共謀していると人々が考えているのは残念だよ。新聞はぼくの外観に関して過剰に論じて、人々の好奇心を煽っている。もう疲れ果てた。旅行はうんざりだ。アキーレだけが私の心の慰めだ。あの呪わしいひどい咳が聞こえると、アキーレがやってきて、何とも深い愛情で慰めてくれる。神よ。息子と君にご加護を！」

一八三三年十一月、パリへの帰途で、肺内出血により倒れ、パガニーニはすぐにジェルミに手紙を書く。「病気は重く、もう回復するかどうかわからない。肺内出血があった。君にどう説明すればいいのだろう。パリに来てはもらえないだろうか」。

しかし、その三週間後には、まったく別の調子で「ぼくは回復した。二十四日に君に手紙を走り書きしたとき、医者は私に余命八、九時間だと告げていた。八月に帰国し、君と抱擁を交わしたい。秋と冬を君と過ごしたい」と書いている。

だが、彼は帰国しなかった。英国でのコンサートの依頼という誘惑を断ち切れず、病の悪化にもかかわらず、親友ジェルミの助言も聞かず、再びロンドンに舞い戻る。凄まじい執念である。

しかし、もはや人々の興味は失われつつあった。空席の目立つ劇場をまのあたりにして、もはや潮時であることを悟る。ジェルミへの手紙に、自分の判断は誤りだったと書く。こうして、じつに六年間に及ぶ怒濤のコンサート・ツアーの幕が、ようやく閉じられようとしていた。

一八三四年六月十七日、ロンドン王立劇場。これが、ヨーロッパにセンセーションを巻き起こしたパガニーニによるヨーロッパ・ツアー最後の公演となった。

これで終幕かと思いきや、じつは、このあと寄宿先でもあったロンドンの興行主ワトソンの娘シャーロット・ワトソン（ピアノ伴奏者という説もある）との駆け落ち騒動というとんでもない事件が起きる。これは、ワトソンが「娘をパガニーニに誘拐された！」と騒ぎ立てて一大スキャンダルになる。

この事件は、パリで結婚しようとパガニーニが彼女にプロポーズしてフランスで落ち合おうとしたが、父親に先回りされて娘は連れ戻されたと伝えられているが、じつは親の迫害に耐えかねたシャーロットが、家出する口実にパガニーニを利用しただけだという説もある。少なくとも新聞ネタの格好の餌食となったようだ。

二〇一四年に日本で公開されたデイヴィッド・ギャレット主演の映画『パガニーニ　愛と狂気のヴァイオリニスト』では、このシャーロットとの関係が悲恋として描かれたが、ほとんどのシーンは映画上の創作である。こののち、シャーロットはアメリカに渡り、パガニーニの愛人というキャッチフレーズで歌手として成功を収めたようだ。

一方、パリ滞在を経て祖国に帰ったパガニーニは、こののち、ジェノヴァやパルマなどで幾度か演奏するものの、このロンドンでの最終公演は、ヨーロッパの演奏史を塗り替えたひとりの天才による伝説的なツアーの最後の灯火でもあった。

パガニーニは、もはや廃人も同然だったのだ。

第四章　悪魔に魂を奪われた音楽家たち

同時代の音楽家たちに残した刻印

ツェルニー、ロッシーニ、シューベルト、ベルリオーズ、ショパン、シューマン、リスト、ブラームス、ラフマニノフ……。パガニーニに多大な影響を受けた大作曲家のほんの一例である。

パガニーニに熱狂したのは民衆だけではない。彼ほど同時代のあらゆる作曲家に霊感を与え、ロマン派以降の西洋音楽史に大きな影響を与えた音楽家はいない。

おもしろいのは、西洋音楽史の主要人物である彼らのほとんどが、「パガニーニのテーマによる」作品を書いていることだ。天才演奏家であったのは確かだとしても、お世辞にも大作曲家とは呼べないようなパガニーニの素朴で不器用とも聴こえるメロディーが、なぜ、大作曲家たちの創作意欲を掻き立てたのか。不思議である。

「ピアノのパガニーニになる！」と、演奏を聴いたあとで狂ったようにピアノに向かったリスト。そのコンサートチケットを買う金を捻出するために、家財道具まで売り払ったというシューベルト。法律家か音楽家かと将来の進路に迷っていたとき、パガニーニを聴いて音楽の道を進むことを決心したシューマンなど、パガニーニによって人生の歯車が大きく動いた（狂わされた？）音楽家たちは数知れない。

彼らは、パガニーニの演奏に、いったい何を聴いたのだろうか。

少なくとも、流行に浮かれた大衆のような凡庸な耳で聴いたわけではない。耳の感度にかんしては、おそろしく繊細で鋭敏な作曲家たちだ。その彼らに与えた衝撃の凄まじさは、そのままパガニーニの技量と音楽性の凄まじさの証といってもいいだろう。

たとえばシューベルトの場合。彼を何よりも驚愕させたのは、聴衆の度肝を抜いた超絶技巧などではなかった。パガニーニのヴァイオリンが奏でるむせび泣くようなカンタービレに、シューベルトは「天使の声を聴いた」と語ったのだ。歌曲王にして史上最高のメロディーメーカーと評された、あのシューベルトがである。

オペラ王として一世を風靡したロッシーニは、生涯にたった三回しか泣かなかったが、その一回は、パガニーニの演奏を聴いて号泣したときだったという。

この章では、パガニーニ自身の物語から少し視点を変えて、さまざまな音楽家たちからみたパガニーニ像を辿ってみたい。

ツェルニーともうひとつの『ラ・カンパネラ』

パガニーニがウィーンに到着したとき、この街には、もはやモーツァルトもベートーヴェンもいなかった。パガニーニが尊敬したベートーヴェンは、その約一年前に世を去っていた。ウィーンにやってきたパガニーニが、この地でのお披露目公演を、尊敬するベートーヴェンの没後一周年記念公演としたことは、第三章に書いたとおりである。

だが、ハイドンやベートーヴェンはもういないとはいえ、のちに「音楽の都」と呼ばれるウィーンの街だ。数多くの音楽家たちにあふれていた。なかでも、ツェルニー、シューベルトのふたりは、のちの西洋音楽史に名を刻むことになる重要な存在だ。そしてふたりとも、ウィーンで旋風を巻き起こしたパガニーニの演奏に衝撃を受けた。

ベートーヴェンにもっとも信頼された愛弟子のひとりで、当時のウィーンでもっとも人気のあったピアノ教師ツェルニーは、友人宛の手紙にパガニーニにふれてこう書いている。

「八日前にイタリアのヴァイオリニスト、パガニーニが来て、大レドゥーテンザールで最初の演奏会を開いた。その印象はどんなにうまく言い表してもおとぎ話のように聞こえることだろう。おそらく世界中どこを探しても、あの青白い病弱な男ほどヴァイオリンという楽器でたくさんのことをやってのけた芸術家はいない。彼はどんなピアノよりもうまく高音のパッセージを弾きこなしたが、あの純粋で透明な音色はピアノならばモシュレスかカルクブレンナーほどの名手しか実現できないものだ。あの感激は一生忘れられない。一度聴いた人は誰しもがそうに違いない」

ツェルニーはパガニーニの演奏に感銘を受け、ふたつの作品を書いた。『N・パガニーニ氏の協奏曲第二番の有名な主題による、ピアノと（任意の）四重奏のためのロンド十五番』（作品一六九）と『N・パガニーニ氏の主題により、彼のために作曲し捧げられた、鐘のロンドによる四手のピアノフォルテのための華麗なる大変奏曲』（作品一七〇）である。ほかに、『最後のパガニーニ追想』（作品三九七）と呼ばれている作品もある。

パガニーニの「鐘（ラ・カンパネラ）」といえば、フランツ・リストのピアノ曲『ラ・カンパネラ』があまりにも有名だが、リストの師匠であったツェルニーもまた、鐘のテーマで作品を書いていることは、あまり知られていない。「パガニーニの鐘」がいかに多くの音楽家たちに刺激を与えたかがわかる。

シューベルトが聴いた天使の声

ウィーンでパガニーニの演奏を聴いて、熱狂した大音楽家がもうひとりいる。のちに歌曲王と呼ばれることになる、フランツ・シューベルトである。歌曲集『冬の旅』や『未完成交響曲』などで知られるシューベルトは、いまではウィーンを代表する大作曲家のひとりだが、生前はただの貧乏な音楽家のひとりにすぎなかった。

パガニーニの目も眩むような超絶技巧に魅せられる人々が多数を占めるなか、シューベルトは、彼の演奏するゆったりした旋律に「ぼくはアダージョで天使が歌うのを聴いた！」と語ったという友人ヒュッテンブレンナーの証言があるが、歌曲王と呼ばれた希代のメロディメーカーであるシューベルトが、パガニーニの「歌」に感動したという証言は、じつに興味深い。

このとき、シューベルトが聴いた「アダージョ」は、どの曲だったのか、気になって調べてみると、一八二八年三月二十九日の演奏会で演奏された、パガニーニの『ヴァイオリン協奏曲第二番ロ短調』のアダージョ楽章だった。

この演奏会を聴くために、貧乏だったシューベルトは、自作コンサートの収益金のほとんどを注ぎ込んで、五月に再びパガニーニを聴きにいったという記録もある。

シューベルトの友人バウエルンフェルトによれば、シューベルトが生涯に作曲から得た収入は五七五ポンドに相当するが、この金額を得るために彼が作曲した歌曲、交響曲、オペラ、ダンス音楽そのほかを合わせた数は一〇〇〇曲を超えているのに、ウィーンにやってきて、たった数週間で八回の演奏会を開いたパガニーニが手にした収入は、それだけでシューベルトが一生かかって得た収入を超える額だったという。パガニーニに天使の歌を聴いたシューベルトは、その年の十一月、わずか三十一歳という若さでこの世を去る。亡くなったとき、彼の財布には六十三フローリンしか入っていなかったと伝えられている。

一方、ウィーン・ツアーで三万フローリンもの利益を手にしたといわれるパガニーニは、この頃すでにウィーンを離れ、山間の温泉保養地として有名なカルロヴィ・ヴァリで静養したのち、次の目的地であるプラハに向かっている。

ショパンと『パガニーニの思い出』

プラハ、ドレスデン、ライプツィヒを経て、ベルリンでの大成功は、第三章に書いたとおりである。そののち、パガニーニは、フランクフルトを経由してポーランドの都ワルシャワに向かう。

当時のワルシャワはロシア皇帝によって統治されていた。パガニーニがわざわざこの街にやってきたのは、五月二十四日に催されるロシア皇帝ニコライ一世のポーランド国王としての戴冠式と記念演奏会に出演するためだった。

このワルシャワ訪問で、彼はひとりの青年音楽家に出会う。フレデリク・ショパンである。ショパンは前年の一八二八年九月、滞在中のベルリンからワルシャワの両親に宛てた手紙に「聞くところでは、かの高名なヴァイオリニスト、パガニーニがここに来るそうですが、本当かも知れません」と書いているが、彼のパガニーニへの関心は並々ならぬもので、この頃の手紙には、パガニーニという名前が頻繁に登場する。

ショパンとパガニーニの出会いは、当時、ワルシャワ音楽院長で、ショパンの作曲の師匠でもあったエルスネルの招きに応じて、パガニーニが音楽院を訪問したときが最初だったと思われる。ショパンは十九歳。まだ音楽院生だった。

このときのワルシャワ訪問中に、宮殿での演奏を含め、パガニーニは、記録にある限り計十一回の公開演奏を行っているが、ショパンはそのほとんどすべてを聴いたといわれるほど、この神秘的なヴァイオリンの妙技に圧倒され、夢中になった。

ショパンがこの頃に書いた作品に、パガニーニの『ヴェネツィアの謝肉祭』の主題による『パガニーニの思い出』というピアノ変奏曲がある。生前には発表されなかったために、一般にはあまり知られていないが、ショパンにしては異色の作品である。

だが、パガニーニのショパンへの影響は、この作品のように表面的なものだけではなく、もっと作曲家としての彼の深層に及んだという見解もある。たとえば、ショパンの初期を代表する技巧的な作品『十二の練習曲集』作品一〇を彼に書かせることになった最大の動機は、パガニーニの超絶技巧だった、という見方もある。

パガニーニの日記帳にも、一度だけ「ショパン」という名が登場する。ポーランド滞在中の「Sig. Chopin, giovine Pianista（ショパン氏、若いピアニスト）」という、たったひとことの記述である。

ゲーテとハイネはこう記した

ポーランド滞在を終えたパガニーニは、フランクフルト、マンハイムなどを経てライプツィヒに向かう。この旅程の途中でワイマールのゲーテを訪問した。このようすは、ゲーテの日記に書かれている。「夜遅くなってパガニーニが少年や連れの人たちと訪ねてきた。まことに見事な幽霊だ」。

文豪ゲーテの耳にも、悪魔とか幽霊とかいうパガニーニの噂は届いていたのだろうが、ゲーテはパガニーニの悪魔的なものに着目した文学者だった。エッカーマンが著した『ゲーテとの対話』には、悪魔的（デーモニッシュ）と芸術についてゲーテが語るくだりで、パガニーニが登場してくる。「悪魔的なものとは、悟性や理性では解き明かしえないもののことだ」からはじまり、「芸術家のなかでは、音楽家に多く、画家には少ない。パガニーニには非常にはっきりとあらわれているが、それであのようにすぐれた感動をもたらすことができたのだ」とあるが、さすがに文豪ゲーテらしく冷静な分析だ。

「悪魔」というパガニーニのニックネームは、このツアーでヨーロッパ中に広く浸透し、世を去ったのちもずっと彼につきまとうことになるが、ここで、ひとりの詩人によるパガニーニの描写をご紹介しておきたい。舞台に登場するパガニーニに対して、おそらく多くの観衆が感じたにちがいない、ぞっとするような空気感がうまく表現されている。ドイツ出身の詩人ハインリヒ・ハイネの文章である。

「地獄から上がってきたようにみえる暗い風体の人間が舞台に現れてきた。それが黒い礼服に包まれたパガニーニであった。黒の燕尾服と黒のチョッキはおどろおどろしい形で、地獄の作法によって決められたペルセポネーの館のものであるかのようだ。やせこけた足のまわりで黒いズボンが落ち着きなくだぶついていた。彼が一方の手にヴァイオリンを、もう一方の手に弓を下げて持って、ほとんど地面に触れそうになりながら、聴衆を前にしてとてつもなく深いお辞儀をすると、彼の長い手はいっそう長くなったように見えた。あの懇願するような目つきは瀕死の病人の目つきなのであろうか。それとも、そこにはずる賢い守銭奴のあざけりの下心が含まれているのであろうか」

これは評論ではない。『フローレンス夜話』という短編小説のなかで、パガニーニのハンブルク公演を聴いた主人公が印象を語るというシーンに登場する記述だが、実際の評論よりもはるかに生々しく舞台のパガニーニが伝わってくるようだ。

シューマンの運命を変えた演奏

一八三〇年二月。パガニーニが再びフランクフルトにやってきた。彼は約二ヶ月間に四回の演奏会を開く。このなかで、四月十一日にシャウシュピールハウスで行われたコンサートの客席には、復活祭の休暇でフランクフルトに来ていた十九歳のロベルト・シューマンがいた。彼は日記にこう記している。「夜。パガニーニを聴く。人は陶酔しなかっただろうか。パガニーニは演奏技術の歴史を変えていくことだろう」。

このとき、法科大学に在籍し、将来法律家になるか音楽家を目指すかを悩んでいたシューマンにとって、パガニーニとの出逢いはまさに天啓ともいえるものだった。彼が音楽の道を選ぶきっかけになったのが、このフランクフルトで聴いたパガニーニの演奏だったからである。彼は、母への手紙にこう書いている。

「ぼくのいままでの人生は、詩と散文との間であがいてきた苦しみの二十年間でした。(中略)ぼくはいま、人生の岐路に立ち、どの道を選ぶべきかという問題に直面して、怯えています。そして、ぼくの芸術に向かおうとする資質が正しい道なのではないかと考えてしまうのです」(一八三〇年七月三十日付の母ヨハンナに宛てた手紙より)

シューマンは、こののち、ライプツィヒのフリードリヒ・ヴィーク(ピアノ教師、のちの妻クララの父）宅に寄宿してピアニストを目指すが、指を強化するための器具で指を痛め、ピアニストを断念するという苦い挫折も味わうことになる。

この時期に彼が作曲した一連のピアノ曲のなかに、『パガニーニのカプリスによる練習曲』と呼ばれるものがある。パガニーニの『二十四のカプリス』のテーマをモチーフにした技巧的なピアノ曲だが、若きシューマンのパガニーニへの情熱がほとばしるような作品である。

シューマンとパガニーニの縁は、これだけではない。

晩年、精神に異常をきたして、真冬のライン河で投身自殺を図り、精神病院に収容されたシューマンが、その死を迎えるまえに、作曲家としてのほとんど最後の筆を執って、ひとり一心不乱に書き進めたのが、パガニーニの『二十四のカプリス』のピアノ伴奏付の編曲だった。

若き日の情熱を燃やしたピアノ練習曲と、死に臨んで最後の灯火を宿したヴァイオリン独奏曲のピアノ伴奏譜。シューマンというひとつの偉大な才能が、生涯にわたって取り組んだパガニーニは、まさに彼の運命の音楽家だったのだ。

リスト、「ピアノのパガニーニになる!」と決意

パガニーニによって運命を決められた音楽家がもうひとりいる。ショパンと並ぶ十九世紀ピアノ界の巨匠フランツ・リストである。

パガニーニのパリ公演で、その凄まじい演奏に圧倒されたリストは、「ぼくはピアノのパガニーニになる!」と叫んで狂ったようにピアノに向かったと伝えられている。リストがパガニーニを聴いたのは、一八三二年四月二十日のパリ・オペラ座公演だった。彼はこのとき二十歳。ショパンやマリー・ダグー伯爵夫人など、彼の人生に大きな影響を与えた人物と運命的な出会いをはたした年でもある。

芸術家として自立しようとしていたこの重大な時期に、パガニーニに出会ったというインパクトは強烈だった。彼は友人に宛てた手紙にこう書いている。「何という人物、何というヴァイオリン、何という芸術家だろう! おお神よ、この四本の弦には、どんな苦悩、悲惨、責め苦があるというのか!」。

パガニーニを聴いて、リストは狂ったようにピアノに向かったと書いたが、はたしてリストはパガニーニのいったい何にそれほどまでの衝撃を受けたのだろうか。

圧倒的な超絶技巧もそのひとつであったことは間違いない。だが、リストはパガニー

ニのテクニックにのみ衝撃を受けたわけではなかった。ここは誤解されやすいところだが、後年、リスト自身がパガニーニの死後、ある音楽雑誌に寄稿した追悼文のなかに、それを読み解くヒントがある。一部を引用してみる。

「パガニーニが巻き起こしたセンセーションはあまりに桁外れであり、彼が聴き手の想像力に及ぼした魔力があまりに強烈だったために、聴き手の想像力はそれまでの常識では満足できなくなったのだ」

ここから読み取れるのは、リストはパガニーニの超絶技巧そのものよりも、その演奏が聴き手の想像力に及ぼす力、つまり、パガニーニのパフォーマンス能力の高さに驚嘆したということだ。

そのミステリアスな佇まい、黒ずくめの舞台衣装、謎めいた雰囲気など、「パガニーニ」をブランド化するための斬新な演出力と、センセーショナルなパフォーマンスに衝撃を受けた。これを彼は「魔力」ということばで表現したが、「ピアノのパガニーニになる！」と叫んだのは、パガニーニがヴァイオリンで表現したことを、ただピアノに置き換えるという意味ではない。リストはパガニーニのなかに未来の音楽家の先進的なモデルを見いだしていたのだ。

すなわち、リストはパフォーマンス時代（＝演奏家の世紀）の到来を予見していた。「パフォーマンス・アーティスト」が音楽界の主役となる時代がやってくることを、彼はすでに予感していたのだ。

リストが行った八年間一〇〇〇公演という驚異的なコンサート・ツアーは、いわば、パガニーニが開拓したコンサート・ツアーのシステムを、そのまま踏襲したものにほかならなかった。ここから、時代は堰を切ったようにさまざまな演奏家たちが大陸間を移動して大規模なコンサート・ツアーを開催する、大航海時代ならぬ「大演奏家時代」に突入するのだ。

パガニーニの出現が、フランツ・リストをはじめ、二十世紀に至る演奏家たちの時代の幕開けを告げた。このことは、近代ヴァイオリン奏法を確立したという功績とともに、パガニーニが後世の社会にもたらした計り知れない功績といえる。パガニーニの六年間に及ぶ伝説のコンサート・ツアーは、まさにパフォーマンス時代の幕開けを告げる象徴的な事件だったのだ。

ベルリオーズとの友情

「まるで彗星だ！　あんなに忽然と芸術の大空に炎をあげて登場し、その長い軌道上で戦慄のような驚きを与え、そして永遠に消え去った天体はいまだかつてなかった」

パガニーニを賛美するこの文章を書いたのは、エクトル・ベルリオーズ。ベートーヴェン亡きあとの交響曲の伝統に新風を吹き込んだ、フランスの作曲家である。彼もまたパガニーニの存在に衝撃を受け、圧倒され、大きな影響を受けたひとりだ。

だが、これまでに登場した同時代の作曲家たちと異なるのは、ベルリオーズはパガニーニの実演を一度も聴くことができなかったということだ。パガニーニの物語にベルリオーズが登場してくるのは、彼がヴァイオリニストを引退して、もうほとんど声も出せなくなっていた頃のことである。

ときは、一八三八年十二月十六日。パリで開かれたベルリオーズの演奏会で彼の『イタリアのハロルド』と『幻想交響曲』を聴いたパガニーニは、感激のあまり二万フランもの巨額の小切手とともに、このように書き送った。

「わが親愛なる友よ。偉大なベートーヴェンを再びよみがえらせることができたのは、ベルリオーズただひとりです。そして貴兄の素晴らしい才能にふさわしい、神々しい作品を充分に堪能させていただいたうえは、私の敬愛の気持ちを表すために、この二万フランをお役立て下さいますようお願いすることこそ、私のつとめなのです」

当時のベルリオーズは、成功に見放されたかのような不運のなかで意気消沈していた。友人たちへの多額の借金など経済的な困窮もあった。

同年三月、パリ音楽院教授のポストを狙ったが見事に失敗。九月にはオペラ座で新作歌劇『ベンヴェヌート・チェリーニ』が上演されるが、「序曲では、待ち構えたように大袈裟な拍手が沸き起こるが、残りはすべて見事なほどの場内一致のエネルギーで野次り倒された」。惨憺たる大失敗だった。

つまり、ベルリオーズにとってこのパガニーニの賛辞と援助は、経済的な理由だけでなく、芸術家としてボロボロになっていた自信を呼び戻す大きな力になったのだ。

父親に宛てて彼はこう書き送った。

「演奏が終わると、あの偉大な芸術家パガニーニが舞台にやって来て、感激してぼくの前に跪こうとしました。その大仰な態度に面食らっていると、今度はぼくをオーケストラ奏者のところに連れて行き、ぼくの前に跪き、手に接吻しながら、弱々しい声で『奇跡だ』というのです。しかも、その直前には彼の息子アキーレが父親の手紙を届けてきました。そこには、ぼくへの賛辞とともに、ロスチャイルド銀行の小切手が同封されていたのです！」

この演奏会のあと、ベルリオーズは数日間病に倒れたが、回復すると真っ先にパガニーニを訪ねた。ほとんど声が出ないパガニーニは、息子のアキーレが傍に付き添って通訳しなければ、何をいっているのかまったくわからなかった。パガニーニはベルリオーズの姿を認めると、目に涙を浮かべてよろこんだ。ふたりで泣いた。そして、パガニーニは、私は感謝されるようなことは何もしていない。あなたは私にいままで知らなかった感動を与えてくれたのだ、と語った。以上は、ベルリオーズ自身の述懐である。

ただ、この麗しき美談も、守銭奴として有名だったパガニーニのこと、口さがないジャーナリストや彼を敵視する人々にいわせれば、パリ市民への心証をよくしようとした戦略だとか、そもそも真の資金提供者が素性を隠すためにパガニーニの名をかたったのだとか、本人からみれば、根も葉もない噂やでたらめ話が飛び交ったようだ。

オペラの帝王ロッシーニも

「パガニーニが、もし作曲家としての関心をオペラに向けていたとしたら、彼の類い稀な才能をもってすれば、当代随一のオペラ作曲家になったことだろう」

もしこれが、そこらの音楽評論家のセリフであれば、たんなる賛辞ともお世辞とも済ませられるが、オペラ界の当代一流の大作曲家ロッシーニが語ったということになれば、話は別である。

パガニーニがヴァイオリンを手にヨーロッパを席捲した悪魔だとすれば、ロッシーニはペンを手にヨーロッパ中のオペラ劇場を席捲した、まさにオペラ界の帝王であった。「ナポレオンは死んだが、別の男が現れた」。これはフランスの作家スタンダールの著書『ロッシーニ伝』冒頭にあることばだが、十九世紀初頭のヨーロッパに吹き荒れたロッシーニ・フィーバーを見事にいいあらわしている。

当時のオペラ人気は、それほど凄まじかった。それは、ヴェネツィアやナポリなどイタリア半島の各都市だけの現象ではない。パリ、ロンドンなどヨーロッパの主要都市からベートーヴェンやシューベルトが活躍したウィーンですら、街中に鳴り響いていたのは『第九』の歓喜の歌などではなかった。流行のオペラ・アリアや、オペレッタの軽妙なリズムだったのである。貧しい者から金持ちまで、老若男女を問わず、もっとも広く愛されたエンターテインメントは、誰が何といっても圧倒的にオペラだったのだ。

晩年のベートーヴェンが、ウィーンで大流行していたロッシーニなどのオペラにふれて「もはや自分の音楽など、誰も聴かなくなった」と嘆いたことはよく知られているが、それはシューマンの次の述懐にもよくあらわれている。

「当時（一八三三年）のドイツの音楽的状況が好ましいものだったとはとてもいえない。舞台には相変わらずロッシーニが君臨していた。しかも、ベートーヴェン、ウェーバー、シューベルトがわれわれのもとで生きていた時代から、わずか数年しか経っていないのにである」

そんなオペラの帝王ロッシーニとパガニーニが出会ったのは、一八一四年（一六年説もある）。パガニーニ三十二歳、ロッシーニ二十二歳のときだ。ふたりは十歳の年の差があったが、それから生涯にわたる友情の絆で結ばれることになる。

ロッシーニが新作オペラの指揮をパガニーニに依頼したという興味深いエピソードがある。ときは、一八二一年二月。ローマで新作オペラ『マティルデ・ディ・シャブラン』を初演することになったとき、初日の前日に指揮者が脳卒中で倒れるという事件が起きた。慌てたロッシーニが急遽指揮者に抜擢したのが、パガニーニだったというわけだ。会場はアポロ劇場。スタンダールが「大都市ローマでは唯一のましな劇場」と評した劇場である。

パガニーニは、かつてナポレオンの妹エリザ・バチョッキの宮廷楽団でオペラ指揮者としての経験はあったものの、ロッシーニとしては、パガニーニのヴァイオリニストとしての名声を利用したいという思惑もあったようだ。その目論見はうまくいったとみえて、ヴァイオリンを弾きながらのパガニーニの指揮は、大きな話題を呼んだらしい。

ふたりには、こんなゆかいなエピソードもある。マッシモ・ダゼリオの『回想録』に、ローマの謝肉祭におけるふたりの武勇伝が記されている。謝肉祭が近づいたあるとき、パガニーニとロッシーニは一緒に仮装しようと盛り上がり、盲目の物乞いに扮して歌を歌うことになった。ロッシーニが曲を付け、練習を重ねて、さらにはふたりでギターをかき鳴らし、最後は女装までして街角や舞踏会場に現れて、その妙技（？）を披露して、やんやの喝采を浴びたというのだ。

悪魔のイメージで語られることの多いパガニーニにしては、意外なエピソードと思われるかもしれない。だが、無口で陰鬱なパガニーニの性格は、病状が深刻になる後年のことであり、このころのパガニーニはまだ颯爽としたスマートな風貌で、人好きのする陽気な性格だったのだ。

弟子からみたパガニーニ

悪魔と呼ばれた男にも弟子はいた。パガニーニのほぼ唯一の弟子として知られているのが、ジェノヴァ出身のヴァイオリニスト、カミーロ・シヴォリである。

神童として知られたシヴォリは、六歳のとき、はじめてパガニーニにレッスンを受けた。十二歳でデビューしてからは、四十年近くヨーロッパ各地を中心に活躍した。アメリカ大陸でもコンサート・ツアーを行っている。レパートリーの中心は、もちろん師匠パガニーニの作品である。師と弟子の交流は長く続き、最後には、ふたりは親しい友人のような関係になっていたという。

ところが、シヴォリによれば、師としてのパガニーニは「おそらく世界中で最悪の教師だった」という。そのレッスン風景を、彼はこのように回想している。「レッスンのあいだじゅういつも皮肉っぽく、粗野で、その場で短い練習曲を書き殴って弾かせ、弟子が悪戦苦闘しているあいだ、薄笑いを浮かべて、まるで檻のなかのライオンのようにうろうろと歩き回り、ようやく弟子が苦労して一部分を弾き終えると、にやりと冷笑してライオンが羊を捕まえるようにヴァイオリンを取り上げると、譜面台の楽譜には目もくれず一気に弾いてみせるのだった」。

現在、ジェノヴァ市庁舎の特別室に保管されているパガニーニの愛器カノーネの横に「シヴォリ」と名付けられた、とてもよく似たヴァイオリンが展示されている。カノーネの完璧なレプリカで、のちに弟子シヴォリが愛用した楽器である。この二挺にまつわるエピソードは、第七章をお読みいただきたい。

さて、パガニーニの弟子とは呼ばれなくとも、パガニーニに憧れ、彼に演奏を聴いてもらい、その魔法のような演奏技術の秘密を知りたい、パガニーニの後継者と評価されたいと熱望する若いヴァイオリニストたちは数え切れないほどだった。

そのなかのひとりに、ノルウェー出身のヴァイオリニスト、オーレ・ブルがいる。神童として知られた彼は、わずか九歳で出身地のオーケストラのメンバーとして演奏していたという記録もある。

青年時代のブルは、パガニーニの演奏を聴いてすっかり夢中になる。パガニーニを慕うあまり、パガニーニの演奏旅行に付きまとい、酒場で演奏しながら飢えを凌いだこともあったという。

そんなある日、ブルは数人の浮浪者に襲われて大切なヴァイオリンを盗まれた。絶望して河に身を投げようとしたが、幸いにも通行人に助けられ、病院に運び込まれた。ところが、この病院でひとりの裕福な婦人に出会い、婦人の養子となって貴重な楽器を手に入れ、彼はヴァイオリンの勉強を続けることができたのだという。

ブルの華麗な演奏は、パガニーニを彷彿とさせると評判になり、ヨーロッパやアメリカ大陸で名声を得る。透き通った青い瞳と美しい髪を持ち「亜麻色の髪のパガニーニ」とまで呼ばれた。彼はパガニーニの協奏曲や無伴奏カプリスなど、当時、多くのヴァイオリニストの手に負えなかった演奏至難な作品を弾きこなすことができた数少ないヴァイオリニストのひとりで、シューマンは彼の演奏について、偉大なヴィルトゥオーゾであり、演奏の速さと明敏さはパガニーニの域に達していると書き残した。

同時代のヴァイオリニストはこう聴いた

この章の最後は、パガニーニと同時代を生きたヴァイオリニストたち、つまり彼の同業者たちがパガニーニの魔術的な演奏をどう聴いたのか、にふれておきたい。

まずは、ベルギー出身の名ヴァイオリニスト、アンリ・ヴュータンである。七曲のヴァイオリン協奏曲などの作曲者として知られているが、一八二〇年生まれのヴュータンがパガニーニの実演を聴いたのは十四歳のときだった。そのときの強烈な印象を、彼はこう書き留めている。「衝撃的な感動だった。私が感嘆させられたのは、とくに音色の美しさ、力強さとともに、技巧の正確さ、精密さ、そして安定性である。彼の弓の動きの機敏さと生き生きとした躍動感は驚くべきで、危なげな音はひとつとしてなく、絶対にミスをしなかった！」。

さすがにヴァイオリニストらしいテクニカルな分析だが、それに加えて「気品にあふれた演奏スタイル」と「音の出し方に品位がある」と、パガニーニの超絶技巧の背後にあるスタイルを「気品」という言葉で表現しているのは興味深い。さすがに専門家は、悪魔的とはいわないようだ。

次は、フランスのヴァイオリニスト、シャルル・ダンクラである。パリ音楽院でフランス・ヴァイオリン界の重鎮バイヨに師事した彼は、前述のヴュータンとほぼ同年代である。そして彼もまた、少年時代にパガニーニの実演を聴いて、生涯、その感動を自身の演奏の糧にしたひとりだ。彼はこう語る。「パガニーニは風変わりな人で、幻想的で、けた外れの力強いテクニックを持っていた。彼の演奏するパッセージ（いくつかの音の急速な経過部分）の見事さ、イントネーションの豊かさ、そしてその音はあたたかな喜びにあふれていた」。

パガニーニの超絶技巧に氷のような冷徹さを感じる人もいれば、あたたかさを感じる人もいるというのは、おもしろい。

パガニーニは、自身の奏法だけでなく、作品も生前にほとんど公開しようとはしなかったことはまえにもふれたが、そのために、当時は、パガニーニという存在そのものが秘密のヴェールに包まれていたともいえる。

その実演に接したほとんどのヴァイオリニストにとって、パガニーニは驚異の代名詞であり、羨望や嫉妬の的であった。ただ、なかにはパガニーニに執拗なライバル心を燃やし、その音楽と技を盗み取ってやろうという強者（？）もいたのだ。

あるヴァイオリニストは、パガニーニが宿泊しているホテルの隣の部屋をわざわざ予約して、壁に耳をあててパガニーニが練習しているところを盗み聞きしようとしたが、それを知ったパガニーニは、ホテルの部屋では決して練習しようとしなかったとか。

ただ、なかには「盗作」に見事に成功したヴァイオリニストもいた。モラヴィア出身のヴァイオリニスト、ハインリヒ・ヴィルヘルム・エルンストである。

パリでパガニーニの演奏を聴いて圧倒された彼は、ただ心酔するだけでなく、どうにかしてその技法や音楽を盗み取りたいと考えた。パガニーニの公演に足繁く通い、彼はついに音楽を暗記してしまった。そして、パガニーニがフランクフルトに滞在中に、あえてパガニーニの作品をプログラムに掲げた演奏会を開き、本人をびっくり仰天させたというエピソードもある。

第五章　晩年と死

六年ぶりの帰郷

ヨーロッパを熱狂させた六年間におよぶコンサート・ツアーを終えたパガニーニは、「もうコンサートには疲れた」ということばを残して、イギリスを去った。パリにしばらく逗留したが、満身創痍の彼は、ここで演奏会を開くことはついになかった。執拗に彼に付きまとい、中傷記事を書き殴る新聞記者たちにもうんざりしていた。もはや彼には聴衆のまえで演奏しようという体力も、その情熱も残っていなかったのだ。

一八三四年十月。パガニーニは、じつに六年ぶりに故郷ジェノヴァに帰還する。数々の輝かしい栄光と数え切れないほどの誹謗中傷、喝采と罵倒、そして巨万の富とともに。

早速、パルマ郊外に購入していた広大な土地に、三階建ての贅沢な邸宅を建てた。ヴィラ・ガイオーネと呼ばれたこの邸宅には、厩舎、葡萄園、オリーヴ畑、広大な庭園などが付属していた。だが、彼にとっては、五十二歳にしてようやく手にした、はじめての「マイホーム」であった。

翌年十一月には、一八一二年五月以来、じつに二十年以上ぶりにパルマのドゥカーレ宮殿劇場でヴァイオリン独奏を披露するほどまでに気力も回復した。ようやく、波瀾万丈だった彼の人生にも平穏な日々がやってくるかと思われた。だが、そうはならなかった。

その前に現れるのは、またもやナポレオン一族である。当時、パルマには、ナポレオン・ボナパルトの未亡人で、オーストリア皇帝フランツ一世の娘マリー＝ルイーズがいた。彼女は、夫であるナポレオンの失脚後、パルマ公国の女公となって、この地を統治していたのだった。

マリー＝ルイーズは、ナポレオンの二番目の妃として、皇帝が待ち望んだ世継ぎ（ナポレオン二世）を出産したが、この婚姻は、いわば敵同士の政略結婚でもある。父フランツ一世は、あくまで娘を一時的にナポレオンに嫁がせただけだった。ナポレオンが失脚するやいなや、直ちにトスカーナを元の統治者であるトスカーナ大公フェルディナンド三世（フランツ一世の実弟）に返し、娘のマリー＝ルイーズには、パルマ公国の統治権を与えた。

マリー＝ルイーズは、名門ハプスブルク家に生まれ育った正真正銘の王女だが、元来は地味で静かな性格だった。ナポレオンに嫁いでからも、前妻のジョゼフィーヌのように派手なパーティーを催すということもなく、パルマ公国を統治するようになってからも、国民から慕われた女公だった。音楽を愛し、ピアノも弾いた彼女は、芸術への関心も高く、音楽によってパルマに名声をもたらそうと考えていた。

そのような折りに、ウィーンでも会ったことがあるヴァイオリンの巨匠パガニーニがイタリア半島に戻り、パルマ近郊に居を構えたことを知ると、さっそく彼を宮廷に招く。そして勲章を贈呈し、栄誉をたたえてから、パガニーニに宮廷オーケストラを編成するように要請したのだった。

幻のオーケストラ計画

故郷での新たな活動を望んでいたパガニーニは、よろこんでその要請に応じ、すぐさま楽団を結成する。そして、一八三五年十二月十二日。マリー＝ルイーズの誕生日に、パルマの宮廷劇場で催された演奏会で、パガニーニは、はじめて宮廷楽長としてオーケストラを指揮し、ヴァイオリン独奏も披露した。

そこまではよかった。だが、当時のイタリアのオーケストラのレベルはとても低く、ヨーロッパ中を旅してさまざまなオーケストラとの経験を積んだパガニーニの理想のオーケストラを実現するためには、いくつもの壁を乗り越えなければならなかった。

その大きな壁のひとつは「指揮者」である。何せ、楽団員の前でタクトを振るという現代的な意味での指揮者が、まだイタリアには誰もいなかった。アンサンブルやテンポはばらばら。指揮者代わりの首席ヴァイオリン奏者が拍子を取るための、ドスン、ドスンと足を踏みならすような音が劇場に響き渡るという光景を描いてみれば、そのありさまが想像できるだろう。

フランス啓蒙主義時代の思想家シャルル・ド・ブロスの「イタリアでは、教会音楽には『拍子取り』がいるが、オペラ劇場には楽員の数がどんなに多くても『拍子取り』はいない」(一七三九年)という証言からもわかるように、オペラの伝統が根強いイタリアでは、指揮者とは、主に鍵盤楽器を担当する「マエストロ・ディ・カペラ」など奏者と兼任されるものと考えられていたのだ。オペラから離れてオーケストラによる器楽合奏が発展したドイツなどに比べて、音楽先進国であったイタリアで近代的な指揮者が登場するのが遅れた理由は、このオペラの伝統に引きずられたせいでもあった。

ちなみに、現代的な指揮者、つまりオーケストラの正面でタクトを振る指揮者は、はたしていつ頃登場したのだろうか。気になって調べてみると、どうも十八世紀の終わり、ベルリンでのことだったようだ。イギリスの管弦楽史研究家アダム・カースによれば、現代指揮者の先駆者は、プロイセン王国の作曲家、ヨハン・フリードリヒ・ライヒャルトと、その後継者ベルンハルト・アンゼルム・ヴェーバーのふたりだったという。

そのヴェーバー愛用の指揮棒は、なかに毛を一杯に詰め込んだ特製の革製指揮棒だったらしい。現物を見たことがないので想像するしかないが、もふもふでソフトな感触の指揮棒とは、ちょっとかわいらしい感じがする。

さて、イタリアに理想的なオーケストラを結成するためには、優れた奏者だけでなく指揮者による統率が重要だということを、全く理解のない宮廷の役人に説明しなければならなかったパガニーニの苦労はよくわかる。そして、彼は独断で演奏家の人事など、急進的な改革を進めていく。だが、この強引な手腕は越権行為として、かえって役人たちの反発を招き、結局、パガニーニは自ら辞職に追い込まれる。かくして、この計画は実現できずに、露と消えてしまうのだった。

パガニーニがパルマ宮廷に提出したオーケストラ計画案には、楽器編成についてなど、近代オーケストラの発展にかんする興味深い指摘が含まれていた。もし、彼が理想とするオーケストラがこのときイタリアに誕生していたら、イタリア音楽史どころか、近代西洋音楽史は大きく塗り替えられていたかもしれない。

晩節を汚したカジノ建設騒動

財も成した。邸宅も買った。もう隠居して療養に専念すべきだった。ところが、晩節を汚すもうひとつの事件に彼は巻き込まれる。「カジノ・パガニーニ」騒動という奇怪な事件である。

この事件には、興行師、不動産ブローカーや、悪徳弁護士、相場師まで、じつにさまざまな登場人物が複雑な役割を演じることになるが、要はパリでパガニーニの名を冠した豪華なアミューズメント施設を建設するという計画にまんまと騙されて、パガニーニが大金をむしり取られたという話である。

そもそもは、パガニーニがヴァイオリニスト引退後の事業として、音楽学校を建設するという計画を耳にしたパリの不動産ブローカーが、それならばパリの繁華街に、音楽と遊戯を両方楽しめる娯楽施設を作ってはどうか、と持ちかけたことからはじまる。

それはいいアイディアだ！　と飛びついた彼は、早速六万フランという大金を投資する。計画は着々と進み、施設用に繁華街の邸宅が買収され、パリの大通りにはこのような広告ポスターまで張り出された。

「われわれはここに数多くの株主とともに、音楽・文学・芸術全般にわたる画期的な社交施設の建設を決定した！　その名も、カジノ・パガニーニ。ここでは見識の高い市民や裕福な旅行者に、世界中の音楽・歌・ダンスが披露され、講演会なども催される。この施設には豪華な娯楽施設も併設され、来場者を楽しませることだろう」

だが、パガニーニはすぐにこの計画がイカサマだということを知る。ポスターに書かれたような「数多くの株主」など存在せず、出資者は彼ひとりだったのだ。悪化する病に苦しむ身体を引きずって、パガニーニは息子アキーレとともにパリにやってくる。この計画から手を引きたいと思っても、もはや手遅れだった。彼は筆頭株主であり、しかもこの施設の実質的なオーナーのような立場になっていたからだ。

おまけに、この話を持ちかけた首謀者は贈賄容疑で起訴され、パガニーニが出資金を返せと訴訟を起こせば、この施設で演奏する契約を反故にしたという理由で逆に契約不履行で訴えられるしまつだった。まさにドロ沼の訴訟合戦である。

カジノ・パガニーニは、一八三七年十一月二十五日にオープンするが、いうまでもなくヴァイオリンを演奏するパガニーニの姿はそこにはなかった。これが、のちに契約違反として訴訟問題にまで発展するのだが、このドタバタ劇は着実に彼の精神と肉体を蝕み、この頃の彼は、もはや声を発することさえできなくなっていたという。

さらには運営に法律違反があったとして、カジノはわずか二ヶ月で閉鎖を余儀なくされてしまう。結局、このカジノ計画の破綻によって、パガニーニは莫大な賠償金を背負わされることになるのだが、一生金銭に並々ならぬ執着をみせ、ケチで有名だったパガニーニともあろうものが、なぜ自身の晩節を汚し、資産をみすみすドブに捨てるような、こんな馬鹿げた騒動に巻き込まれることになったのだろうか。

金儲けに目が眩んだだけという見方もある。だが、晩年の彼の行動を丹念に辿ってみると、ある種の「焦り」のようなものを感じる。それは、衰弱して明日をも知れぬ自分の命の灯火が消えるまえに、どうにかして愛する息子アキーレのために、できるだけ将来への準備をしてやりたいという、一途な親心だったとも考えられるのだ。

カジノ・パガニーニの計画にしても、うまくいけば、この施設はパリを代表する一流の社交場となるはずだった。将来、オーナーとして活躍するアキーレの姿を父親として夢に描いていたとしても、不思議ではないだろう。

生涯最後の演奏

カジノ・パガニーニの一件で、息子アキーレを伴ってパリに向かうまえ、パガニーニはほぼ演奏不可能な状態だったにもかかわらず、わざわざサルデーニャ王国の首都トリノに立ち寄り、二回も慈善演奏会を催した。一八三七年六月九日と、十六日のことである。そして、この慈善演奏会が、パガニーニの生涯最後の公開演奏会となった。

トリノで演奏することは、ずっと彼の念願だった。じつは、この年のはじめにトリノで演奏するはずだった。しかし、病気の悪化で実現できなかった。このときの想いを、彼は友人のジェルミにこう書いている。

「これまで強く希望してきたこと、つまり二月三日にトリノで演奏会を開くことができなくなり、ひどくがっかりしている。でも誰が想像できただろうか。ぼくが心因性の発熱によって膀胱炎に苦しめられていることを」（一八三七年一月三十一日）。

約一ヶ月後の三月六日には、滞在先のニースから手紙を書いているが、この頃になると膀胱炎は慢性化し、睾丸炎も発症した。彼の表現では、左の睾丸が大きめの梨か小ぶりのカボチャほどに腫れた（！）という。それでも彼は、「汽船でジェノヴァに行くつもりだ。馬車で行くのは控えるようにと医者は忠告するが、トリノに行けなくなったことは耐えられるかどうかわからない」と書いている。

パガニーニはなぜ、そこまでしてトリノで演奏することにこだわったのか。

愛する息子アキーレのためだ。当時、ジェノヴァを併合していたのは、サルデーニャ王国だった。その首都トリノで慈善演奏会を催し、寄付することで当局の心証をよくしてからアキーレの嫡出子の申請をするつもりだった。それほどまでに、アキーレが自分の息子であることを当局に認めて欲しかった。彼にとって、これは何よりも切実な問題だった。もしアキーレが息子として認められなければ、遺産や身分を相続させることすらできないからである。

生涯最後の公開演奏が息子のためであったというのは、ずっと孤独だったパガニーニにとって、いかに息子アキーレが心の支えだったのかがわかるエピソードだが、この最後の演奏会で、彼はどんな曲を演奏したのだろうか。

いくつかのプログラムが知られているが、このなかに『Nel cor più non mi sento（もはや私の心には感じない)』というイタリアの名オペラ・アリアからの変奏曲(パイジエッロ『美しき水車小屋の娘』より)や、パガニーニが書いた最も美しいアダージョのひとつ「アダージョ・フレビーレ・コン・センティメント(ゆっくりと、嘆くように感傷的に)」を含む『ヴァイオリン協奏曲第四番ニ短調』が演奏されている。

生涯最後の公開演奏。パガニーニのヴァイオリンは、このとき、どのような調べを奏でたのだろうか。あるヴァイオリニストが、もしタイムマシンに乗って一度だけ過去に戻れるとしたら、このときのパガニーニの生涯最後の演奏をどうしても聴いてみたいと語っていたことがあったが、ぼくもまったく同感である。

病という名の悪魔

若い頃からパガニーニを襲ってきた病という名の悪魔は、ついにその死まで彼に付きまとって離れなかった。彼の病歴については、第三章でも簡単にふれたが、ここであらためて晩年の彼を苦しめた病気と、彼の病歴を辿っておきたい。

パガニーニの手紙に深刻な健康問題が語られるようになるのは、一八二〇年頃からのことだ。イタリア半島でヴァイオリニストとして精力的に活動していた時期である。

幼少期から発疹熱、咽頭、気管支、膀胱などの粘膜炎や、激しい呼吸困難を伴う慢性的な咳に悩まされていた彼は、この頃からパレルモの医師の診断に基づく「ループ治療」という治療に凝りはじめる。ループとは、凝縮した果実エッセンスから作られる下剤のことだが、当時の医療では、毒素を体外に排出すると称して、体力の消耗も顧みることなく、やたらと下剤を多用した。パガニーニも、下剤の乱用でかえって重病になったほどだ。

パガニーニほど、ありとあらゆる医師の診断や処方を片っ端から試した人物も珍しい。だが、気の毒なことに、そこには祈禱師まがいのインチキ医者も多く、適切な医療を施されたとはいえない哀れな患者でもあった。たとえば、晩年のパガニーニのもとにやってきたペラーノという医師は、「奇跡の軟膏」という特効薬を発明したといい、彼を裸にして軟膏を塗りたくり、わけのわからない呪文を唱えながら乱暴なマッサージを施し、かえって病状を悪化させた。ここまでくると、そもそもはたして医者といえるのか、と思えてくるが、それは現代的な見方であり、十九世紀初頭には、まるでペテン師のようないかがわしい医者たちが巷に溢れかえっていたのだ。

もう少しまし な例をあげると、一八二二年、パヴィア大学のシロ・ボルダ教授による診断は「長期間潜伏した梅毒の感染」というもので、処方されたのは水銀とアヘンだった。これらは現代では完全に有害だが、当時処方される薬といえば、発熱には有毒なアルモチン（心臓血管障害・突然死などの副作用あり）、性病には水銀（歯が抜ける、出血性下痢、循環障害、肝臓障害などの副作用あり）、痛み止めはアヘン（皮肉なことに、アヘン中毒になっても中毒止めの薬はなかった）と、だいたいはこんな感じだった。『世にも奇妙な人体実験の歴史』の著者トレヴァー・ノートンによれば、ヴィクトリア朝時代の英国では、ヒ素などの猛毒も普通の薬局で簡単に手に入ったというし、そのために、街中での毒殺事件も日常茶飯事だったという。

水銀の過剰摂取による水銀中毒は、まず口内炎、つぎに歯周病で歯が抜け落ちるなどの症状をもたらしたが、晩年のパガニーニを苦しめた原因の多くも、深刻な慢性水銀中毒にあったと考えられている。視力の低下、運動障害、人格の変化など、さまざまな副作用が現れはじめる。野心溢れる肉体は痩せ細り、無表情で精気のない風貌の変化に驚いた知人たちが「死人のようだ」と語ったことや、本人も「ひどく醜くなった」と嘆いたことは、まえにも書いた。

だが、下剤の服用は相変わらず続けられ、パガニーニは、中毒性のある強力な下剤や、発疹や咽頭炎を誘発する塩化第一水銀を含む化合物など、劇薬だろうが何だろうが、効くと思えば構わずに服用し続けた。このような状態で、あれほど長期にわたるコンサート・ツアーを行っていたことに驚かされるが、ツアーを終えた数年後の一八三七年には、ついに急性尿閉を発症し、慢性膀胱炎と睾丸炎を併発したことはすでにふれた。

先ほど紹介した三月六日付の手紙のなかで、彼は自身の病状をこのように書いている。

「リウマチ熱のため、夕食を済ませると寝込んでしまった。食餌療法をしているので、以前のように力が出ない。昼も夜もパン粥だけだ。ベッドから起き上がれず、五、六日は起き上がれない。もちろん脱腸帯は着けたままだ」

一八三八年の秋頃からは、失声症、水腫、呼吸困難に陥る。この頃の彼は「もう声が出ないので、息子のアキーレがいないと、人に理解してもらうことはできない。歩くこともままならない」と書いているが、晩年のパガニーニをずっと支えていたのは、息子のアキーレだった。彼だけは、誰も聴き取れない父親のかすかな声を理解し、それを通訳することができた、たったひとりの人物だった。

いよいよ最期の日が近づいてきた。死の前年の十一月、パガニーニは療養のために故郷のジェノヴァを離れ、太陽を求めて「苦痛に満ちた旅」（本人の記述による）を経て、地中海有数の保養地ニースに到着した。これが、旅から旅への人生を生きたパガニーニの生涯最後の旅となった。

友人が手配してくれた海岸にほど近いプレフェクチュール通りの別荘に担架で運ばれるが、もはや自由に散歩することも、部屋を歩き回ることもできなかった。それに、いつもは冬でも太陽の光が降り注ぐニース地方も、この年はなぜか天候不順で、どんよりとした日々が続いたという。

イタリアの医師ウーゴ・カルカッシによれば、死の年のパガニーニの病状は、喉頭結核および肺結核、連続的でかなりの喀痰と喀血、非常に重い血便、広範な浮腫、持続的な咳、咽頭、胃腸および膀胱障害、失声症、深刻な無力症などとある。

それにしても、彼は落ち着いて療養に専念できる状況ではなかった。忌まわしいカジノ・パガニーニの裁判が、療養先にまで追いかけてきたからだ。パリの裁判所が命じた罰金の代償として、マルセイユに保管していたヴァイオリンのコレクションを差し押さえられるかもしれないという不安を抱き、それを回避するために罰金を支払うよう弁護士に命じたりと、病床にあっても心安まる暇はなかった。

だが、その日々も、終わりを迎えようとしていた。

一八四〇年五月二十七日。水曜日、午後五時。パガニーニ死去。享年五十七。すさまじい痙攣の発作とともに訪れた死だったと伝えられている。

直接的な死因は、肺結核及び喉頭結核とされている。『音楽と病』の著者ジョン・オシエーは「実際のところ、パガニーニは梅毒であったのか、それとも喉頭結核であったのか。疑問は残る。（中略）パガニーニが二十年近くも、そのような状態で生きられたとは考えられない」と指摘しているが、死因はともかく、病状を見てもわかるように、病魔との壮絶な闘いのはての、凄惨な死であったことは間違いない。

莫大な遺産と拒否された終油の秘跡

一八三七年四月二十七日付のパガニーニの遺言状は、六月一日に開封された。イタリア、フランス、イギリスに分散されていた彼の遺産は、当然のことながら莫大なもので、不動産、動産あわせて、ざっと二〇〇〇万リラ以上と推定されたが、それよりも特筆すべきは、ヴァイオリンなど弦楽器のコレクションである。

十一挺のストラディヴァリ（七挺のヴァイオリン、二挺のヴィオラ、二挺のチェロ）、四挺のグァルネリ、二挺のアマティを含む、見事なクレモナの名器たちのコレクションは、ヴァイオリンだけでも現代の価値に換算すれば天文学的な数字となるが、これにストラディヴァリの手による希少なヴィオラとチェロまでもが加わるという、とんでもないコレクションである。

遺産分配としては、妹たちやアキーレの母親アントニア・ビアンキなどへの終身年金を除くすべての遺産は、かつてパガニーニがドイツで授けられた男爵の称号とともに、嫡出子であるアキーレ・パガニーニが相続した。

ところが、その死ですべてが終わったわけではない。パガニーニのほんとうの奇怪な物語は、じつはここからはじまるのだ。

そもそもは、パガニーニとカトリック教会との永年にわたる確執に端を発しているが、その死の数日前、臨終が近いと感じた周囲は、終油の秘跡（病人の塗油ともいう。司教が「病者の聖油」を病者の五官に塗り、罪のゆるしを祈る）を受けるように勧め、司祭がパガニーニのもとを訪れるが、彼は黙ってドアを指したという。これは出て行けの合図だったと、のちに司祭が教会に報告したという説があるが、パガニーニは、まだ死ぬ用意ができていないと答えただけだ、という説もある。

いずれにしても、教会のパガニーニへの心証は著しく悪かった。教会とパガニーニの確執については、次章であらためてふれるが、ともかく、終油の秘跡を受けぬまま死んだパガニーニに対して、教会側は無神論者と宣告。断固として埋葬を拒否した。

ここから死後何十年にわたって埋葬されることなく、遺体のまま各地をさまよい続けるという、世にも奇妙な物語がはじまる。怪奇ミステリーさながらの「パガニーニ幽霊騒動」の幕開けである。

第六章　パガニーニ幽霊騒動

地中海の港町で起こった幽霊騒動

月夜の静かな海辺。おだやかな波音の向こうから、まるでヴァイオリンがすすり泣くような、不気味で喘ぐような音がきこえてくる……。

この奇妙な噂が、地中海沿岸の小さな港町に駆け巡ったのは、一八四一年の秋、パガニーニが世を去った翌年のことだ。ところは、ニース郊外のヴィルフランシュ。

現在のヴィルフランシュ・シュル・メールは、ニース市街から車を走らせて二十分ほどの入江に面したおだやかな保養地である。起伏に富んだ入江の東にはコート・ダジュール屈指の高級別荘地として知られるフェラ岬がある。

とりわけ有名なのは、岬の丘の上にそびえるイタリア・ルネサンス様式の瀟洒な邸宅、ヴィラ・エフルシ・ド・ロスチルドだ。いわずとしれたヨーロッパ屈指の富豪ロスチャイルド家の別荘である。この地が選ばれた理由は、「世界で最も眺めのいい場所だったから」だという。

ところで、当時はまだ小さな漁村に過ぎなかったこの港町に、あろうことかパガニーニの幽霊騒動が巻き起こる。まだ、この世間を騒がせたヴァイオリニストの死から、一年半ほどしか経っていなかった。

話の顚末はこうだ。パガニーニの遺体は防腐処理をされて、はじめは彼が亡くなったニースの部屋にそのまま安置されていた。息子のアキーレや友人の弁護士は、遺体を埋葬できるように奔走した。埋葬許可の請願書が提出され、教会による審問調査がはじまったが、経過は思わしくない。調査すればするほど、パガニーニの生前にささやかれていた悪い噂が噴出してきたからだ。かといって、遺体をこのまま放置することもできない。野次馬ともいうべき見物客は続々と押し寄せてくる。なかには、パガニーニの遺体を見世物にしようとたくらむ輩まで現れるしまつだった。ニースの衛生局からは、悪臭が漂いはじめた遺体を市街地から撤去するようにという命令も出る。

やむなくパガニーニの棺は、前出のヴィルフランシュに一時避難的に安置されることになる。急場しのぎということもあって、安置場所は魚の保管に使われた検疫所の跡だったようだ。幽霊騒動は、このときに起こった。夜中に恐ろしい音や音楽が聞こえ、棺の周りには悪魔の姿も見えたという人々が現れはじめたのだ。

この物騒な噂で、のどかな港町は一転騒然となる。慌ててそこから運び出された棺は、まずは郊外のオリーヴオイル工場、さらにはフェラ岬にある庭園の一角に置かれ、そこから船に乗せられてボルディゲーラ、サンレモ、サヴォーナなどの港を経て、彼の故郷ジェノヴァに到着したのち、ようやく故郷の地に埋葬されたかと思えば、再び掘り起こされて、パルマに移送、埋葬される。つまり、文字通りたらい回しにされたわけだ。かくして、哀れパガニーニは、遺体になってまでも各地を転々とする放浪の日々を送ることになった。

カトリック教会との対立

そもそも、なぜパガニーニの埋葬が許可されないということになったのだろうか。

前章では、終油の秘跡を受けぬまま死んだパガニーニに対して、教会側は無神論者と宣告して埋葬を拒否した、と簡単に記したが、埋葬が許可されなかった経緯について、その死の翌年に発行されたカトリック教会系の雑誌「歴史と文学」の記事には、このように説明されている。

「パガニーニは不信心と道徳的退廃の権化として悪名高い。彼は復活祭の時、信心深いキリスト教徒としての義務を怠った。それればかりか、死の床にあるときも終油の礼を受けることを拒んだ。ニースの司教が埋葬を拒んだのはこのためだ。遺族たちはこれを不服としてジェノヴァの枢機卿に訴えた。しかし枢機卿はニース司教の決定を全面的に是認。パガニーニの棺は何ヶ月もニースの部屋に放置された。やがて遺体の悪臭が付近一帯に漂うようになり、棺は地下室に移されたが、市の衛生局はこれに満足できず、結局、ニース郊外のヴィルフランシュに運ばれることになったのである」

カトリック教会が、パガニーニをまるで悪魔の手先のように考えていたというのは、理由のないことではない。

そもそも初期のキリスト教会では、音楽は快楽と結び付けられ、汚れたものとみなされていた。とくに楽器の演奏にかんしてはそうだった。ギリシャ、ロシア正教などの東方教会では、人の声のみが神のことばを伝える楽器であり、いまでも教会での楽器演奏を一切禁じているところも多い。

キリスト教は引き裂かれた宗教でもある。キリスト教会分裂の歴史は、古くは東西教会の分裂からはじまり、西方教会のローマを中心とするカトリック教会から分裂したプロテスタントは、同じキリスト教とはいえ、まるで不倶戴天の敵のようにカトリックとの闘争を繰り返した。じつに数世紀に及ぶ泥沼の宗教闘争が、ヨーロッパの歴史のなかに深く滲み込んでいる。

バッハなどの宗教音楽によって、教会はまるでクラシック音楽の母胎のように考えられているが、バッハに代表されるドイツ・バロック音楽の基盤は、カトリック教会から分裂・独立して、積極的に音楽を布教に活用したプロテスタント教会にある。同じキリスト教会といっても、カトリックとプロテスタントでは、そもそも音楽に対する姿勢が異なっているのだ。ギリシャ語のカトリコス（普遍的）という語源を持ち、音楽に対しても厳格なカトリック教会からみれば、パガニーニのように楽器ひとつで民衆の心を惑わせ、狂わせるような輩は、忌み嫌うべき存在でもあった。

一方、パガニーニからみれば、当時の教会は、権力闘争に明け暮れ、免罪符などの汚い金儲けに溺れる堕落しきった存在にほかならなかった。貧民救済や災害被害者のための慈善演奏会を何度も開催したにもかかわらず、彼が教会に一切寄付しようとしなかったのは、このためでもある。

教会側にとっては、巨万の富を築きながら、まったく寄付しないパガニーニを、さぞや苦々しく思っていたことだろう。このようないきさつで、カトリック教会とパガニーニの関係は、ぎくしゃくという一線をはるかに超えて険悪そのものだった。それが、彼の死後の埋葬許可という教会側の権限が発揮される場面で、「拒否」という決断が下される背景にあったのだ。

外の悪魔、内の悪魔

ところで、パガニーニが悪魔と呼ばれるようになった背景には、彼の演奏スタイルや教会との確執だけでなく、十九世紀の悪魔ブームという社会現象もあった。

そもそも西洋文化は、デーモニッシュ（悪魔的）な要素なしに語ることはできない。キリスト教義と深く結びついた西洋の世界観では、唯一の創造主である神が、あらゆるものの根源であると考えられてきた。本来であればそこに悪が介入する余地はない。善なる創造主が創造した完全な世界に悪が存在できるはずはないからだ。

では、現実に社会にはびこる悪をどう説明すればいいのか？

ここで登場してくるのが、堕天使としての「悪魔」である。つまり、悪魔とは、本来善であるべき天使が堕落した姿なのだ。これが、悪魔の起源とされる堕天使ルシファーの伝説であり、のちに魔王サタンと呼ばれることになる悪魔の誕生である。

天使たちのなかで、最も美しい大天使であったルシファーは、創造主である神に対して謀反を起こし、自ら堕天使となったとされている。重要なのは、キリスト教では、悪魔は罪によって堕落した天使であるということだ。悪は罪であり、罪は悪である。

西洋の人々の暮らしのなかで、悪魔はさまざまな姿にかたちを変えて生き続ける。かつて、教会の教えが社会規範として人々のモラルや生活の隅々に浸透していた時代は、悪魔は外からやってくるもの、つまり外部からの侵入者だった。ところが、聖俗闘争に明け暮れるなかで、次第に教会勢力が弱まってくると、悪魔はしだいに人々の内部に潜む存在に変遷していく。

『悪魔の歴史　12〜20世紀』の著書ロベール・ミュッシャンブレによれば、「悪の外在的な存在としての表象は遠ざかり、誰もが自らの内部に宿している悪の形象としての側面をますます強めていく」のだ。たとえば、十七世紀初頭に書かれたシェイクスピアの戯曲『マクベス』は、勇猛さと小心さを併せ持つ主人公マクベスが、妻と謀って主君を暗殺し王位に就くが、内面と外面の重圧に耐えきれずに錯乱して暴政を行い、貴族や王子らの復讐に倒れるという物語だが、ここに登場する三人の魔女は、外的な敵というよりも、国王になりたいという野望を抱く主人公の内なる声の象徴でもある。これなどは、内心の悪魔が描かれる典型的な例といえるだろう。

そして、十九世紀初頭になると、内心の悪魔はさらにエスカレートしてくる。小説や演劇やオペラの主人公として、悪のヒーローとしての悪魔の登場である。くだけていえば、西洋における悪魔の変遷は、宗教的な存在から、エンターテインメント性を帯びた、通俗化された存在として描かれるようになっていくのだ。

十九世紀の悪魔ブーム

一八三〇年代のパリで爆発的な人気を博したオペラがある。ジャコモ・マイヤベーアの『悪魔のロベール』である。パリ初演は一八三一年十一月。フランスの華麗なるグランドオペラ時代の幕開けを告げた作品でもある。その約半年前の三月には、ヴィクトル・ユゴーの悪魔的な新作『ノートルダム・ド・パリ』が刊行されて話題になっていた。これは、ちょうどパガニーニが鮮烈なパリ・デビューをはたした時期に重なっている。

そのころ、ヨーロッパは空前の「悪魔」ブームに沸いていた。悪魔が登場する当時の小説をいくつか並べてみると、イギリスの作家マシュー・グレゴリー・ルイスの『修道士』、フレドリック・スーリエ『悪魔の回想録』、音楽家でもあったエルンスト・テオドール・アマデウス・ホフマンの『悪魔の霊液』など、いくらでもある。いまでいう怪奇小説、幻想小説の大流行である。

悪魔的とはかけ離れたイメージで語られることも多い、かの文豪ゲーテも、悪魔的な特色は、悟性や理性では解き明かせないすべてにあらわれ、芸術だけでなく生物の多くも悪魔的な存在だと考えていた。光を光たらしめるのは影の存在であるように、芸術を崇高なものにしているのは、まぎれもなく芸術の持つ悪魔的な要素なのだ、と。

ゲーテがその半生を費やした畢生の大作『ファウスト』(二部構成。第一部は一八〇八年刊、第二部は作者の死の前年、一八三一年に完成)で取り組んだテーマも、まさにメフィストフェレスという悪魔であった。この作品が、後世のありとあらゆる文化にもたらした影響はあらためて強調するまでもないだろうが、この作品の存在が、たんなる流行ではない、悪魔と文学の深い関係を浮き彫りにしている。

当時絶大な人気を誇った暗黒小説から、一八三〇年代フランスで大流行した幻想小説まで、悪魔というモティーフは、幽霊、妖精、魔女など幻想的なキャラクターとともに、時代そのものを魅了していたといってもいい。

しかも、これらの流行は、十九世紀全体を通じて廃れるどころか、ますます盛り上がり、ついには十九世紀末ヨーロッパに巻き起こった「ディアボリズム（悪魔主義）」、すなわち破壊的な悪魔的精神によって人間の暗黒面を追求し、その表現に美を見出そうとするボードレールやオスカー・ワイルドなどの文芸運動として結実する。世紀末デカダンスはその顕著な実例である。

生ける悪魔を演じ続けて

パガニーニがヨーロッパの表舞台に華々しく登場したのは、このように悪魔が大流行していた時期と見事に重なっている。紙の上に描かれた悪魔ではなく、「生ける悪魔」を求めていた民衆にとっては、まさにタイムリーな登場だったというわけだ。

革命期という激動期に、あまりにも多くの音楽家たちが時代の激流に呑み込まれて消えていくなかで、パガニーニは、したたかにひとりのヴァイオリニストとして生き残りを図った。作曲家としてではなく、楽器一本でそれを成し遂げるのは至難の業だったはずだ。その彼が自身のブランディング戦略のために利用したのが「悪魔」というアイコ

魔女の踊りの伴奏をするパガニーニを描いた当時の風刺画。左上の悪魔にも注目

ンだった。これは彼が時代の最先端に躍り出るための、またとない仕掛けだった。

薄暗い雰囲気満点の舞台照明も、黒ずくめのステージ衣装も、幽霊のような登場シーンも、まるで黒魔術さながらに、彼は利用できるものは何でも利用した。こうして悪魔さえも金儲けの道具にして、群集心理を巧みに操ったのだ。

その意味では、現代の演奏家に通じるパフォーマンス・アーティストへの道を切り開いた「祖」となる人物こそ、パガニーニであったともいえる。たとえ、その不気味な風貌を忌み嫌われても、悪魔というキャラクターを自ら演じることで、自身のブランドを確立したパガニーニは、ある意味では悪魔よりも狡猾だったとさえいえるかもしれない。近代の音楽家自身によるブランディング戦略のおそらく最初の見事な成功例である。

十九世紀になって、時代は猛スピードで加速しようとしていた。産業革命による大量生産、流通速度の高速化によって、啓蒙主義の時代から一気にロマン主義の波が押し寄せたのは、まさにこのスピード感ゆえのことでもあった。

民衆の欲望は、めまぐるしく変化する大量の商品によって限りなく刺激され、流行が生まれ、経済発展がもたらされた。そのようなめまぐるしい時代を生き抜くために、民衆たちが何を望み、何に熱狂するかを、時代より先回りして仕掛けていく。これを情報伝達手段が現代とはまるで異なる十九世紀におきかえてみることは、ぼくたちには難しい。ただ、並大抵の才能でできることではないのは想像できる。

時代を読むスピードと未来を読む洞察力を同時に発揮したパガニーニの卓越した才能は、超一級だった。彼こそは、産業革命がもたらしたモノに溢れ、欲望が充満した大衆社会に出現した、まさに新時代のエンターテイナーだったのだ。

さまよえる遺体

さて、話は再び、パガニーニとカトリック教会の確執に戻る。

ニース司祭のパガニーニに対する埋葬拒否という決定について、当時のニース知事であったド・メストゥル伯爵は、さすがにそれは厳し過ぎると抗議した。「教会は広がりつつある不信心と向き合い、信者を増やすよう努力すべきだ」と彼は書いているが、ここからも、当時のカトリック教会への不信が民衆のあいだに広がっていたことがわかる。

パガニーニの遺児アキーレは、後見人や弁護士とともに、父の遺体が埋葬されるようローマ法王に請願書を提出した。法王との面会は許可されたが、その面会の詳細は教会側から公表されていないので不明である。

ともかく、法王からの一時的な埋葬の許可を得て、パガニーニの棺は、ジェノヴァ郊外ポルチェベーラの墓地に埋葬されることになった。

ようやく、といっていい。その死からすでに五年が経過していたからだ。だが、これは第一歩に過ぎなかった。埋葬許可はあくまで一時的なものだったので、アキーレは引き続き父親の安息の地を探し続けなければならなかったからだ。

そのとき、思わぬところから救いの手がさしのべられる。前章でも登場したナポレオン・ボナパルトの未亡人マリー＝ルイーズである。パルマ公国の女公だった彼女が、パガニーニの邸宅があったパルマに埋葬することを許可したのだ。一八四五年四月のことだ。ここにも、ナポレオン一族とパガニーニの不思議な縁を感じる。しかし、それでもなおカトリック教会側は、パガニーニの正式な埋葬を認めようとはしなかった。

ところが、そのような些末な騒動など吹き飛ぶような大事件が起こる。イタリアそのものの歴史が大きく動いたのだ。

一八六一年三月十七日。イタリア王国の誕生である。これによって、イタリア半島は、ローマ帝国による統一以来はじめてひとつの国家となる。パガニーニの死から、二十一年が経過しようとしていた。

しかし、奇妙なことに、イタリアが新国家として生まれ変わっても、かつてニースがイタリアからフランスに割譲される前にニース司教が下したパガニーニへの埋葬不許可は、そのままになっていた。

一八七六年。ようやく正式な埋葬が許可され、パガニーニの棺はパルマの墓地に埋葬される。一時的な埋葬からここまで、じつに幾度にもわたって掘り起こされては埋葬されるという作業が繰り返された。すでに彼の死後三十六年が経過していた。

そのあと、あろうことかパガニーニの棺を開けて、遺体を拝んだ人物がいる。チェコのヴァイオリニスト、フランチェク・オンドルジーチェクである。一八九三年四月二十八日、彼はパガニーニの遺児アキーレを説得して、ジェノヴァ市の役人とともに棺を開いた。意外にも保存状態はよく、顔は往年の表情を偲ぶことができたが、やはり腐敗はかなり進んでいて、黒い燕尾服はぼろぼろで、両脚も白骨化していたという。

その三年後の一八九六年。新設されたパルマの墓地に、パガニーニの棺は再び移葬される。これが、じつに半世紀以上にわたるパガニーニ埋葬狂騒曲の終幕である。

ところが、ようやく終わったかにみえたこの騒動には、まだ続きがある。没後一〇〇年を迎えた年（一九四〇年）のこと、生誕地ジェノヴァにパガニーニの遺体を移送しようという運動が起こったのだ。この計画は結局実現しなかったが、もしかすると、パガニーニの棺は、再び眠りから揺り起こされて、ジェノヴァまで旅をさせられる羽目になったかもしれない。このような仕打ちは、悪魔とまで呼ばれたヴァイオリニストにとっても、まさに地獄の責め苦以外の何ものでもないだろう。

いま、パガニーニの棺が静かに眠るのは、パルマ中心部にほど近いヴィレッタ墓地である。二〇一三年十月二十九日。修復されたパガニーニの墓碑の除幕式典が行われた。広々とした墓地の一角で、まるでギリシャ・パルテノン神殿を想わせる堂々とした建造物に守られ、胸像に刻まれたパガニーニのおだやかな表情からは、一〇〇年に及ぶ騒動の余韻は、何も感じられない。

パガニーニの波乱に満ちた生涯の物語は、これでひとまず「完」である。

ここまで、その数奇な生涯を振り返ってきたが、パガニーニの物語のもうひとりの主役には、あえてほとんどふれてこなかった。それは、ヴァイオリンである。

最終章の主人公は、パガニーニの生涯の伴侶であり、もしかすると彼自身より謎めいているかもしれない神秘の楽器ヴァイオリンと、パガニーニが愛したヴァイオリンたちである。

第七章　神秘の楽器ヴァイオリン

マン・レイ「アングルのヴァイオリン」

マン・レイの「アングルのヴァイオリン」（一九二四年）という作品がある。女性のヌード写真にヴァイオリンの象徴的なシンボルf字孔を描いただけの、ただのジョークとも受け取れる作品だが、一度見たら眼に焼き付いて離れない不思議なインパクトがある。とにかく艶めかしい。女体の曲線とヴァイオリンの曲線を重ね合わせただけで、なぜここまでエロティックになるのだろうか。

ヴァイオリンは、神秘的な楽器である。

とくに音楽ファンでなくても、ヴァイオリンについてよくは知らなくても、たとえば、ストラディヴァリウスという何百年も前に作られた楽器が、一挺十数億円というとてつもない金額で取引されていることを耳にしたことがあるはずだ。

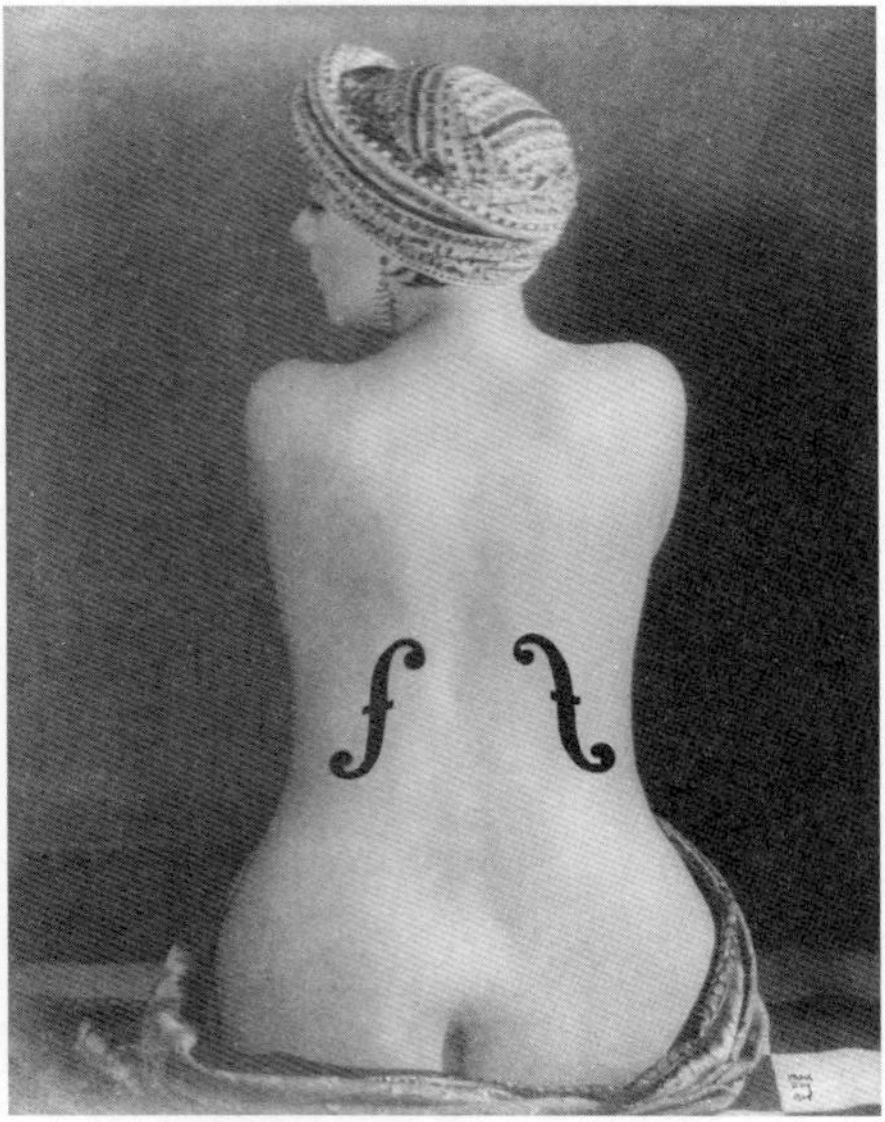

マン・レイ作「アングルのヴァイオリン」
（©Man Ray Trust / Adagp, Paris&JASPAR,Tokyo, 2018 G1352 - Cliché : Telimage / Adagp images / DNPartcom）

「メシア」「ヘラクレス」「ドルフィン」。これらはすべて一挺のヴァイオリンに付けられた名前である。これら愛称の由来を辿ると、数百年もの寿命を持つヴァイオリンには、ひとりの人間の一生よりも、はるかに波瀾万丈の物語があることがわかる。一流の演奏家たちに受け継がれ、ステージで喝采を浴びつづける楽器もあれば、人の欲望に翻弄され、投機の対象となって演奏されることもないまま、ずっと金庫で眠り続ける楽器もある。豪華客船の沈没とともに海の藻屑と消えた楽器もあれば、叩き壊されて一瞬で生命を終える楽器もある。

ヴァイオリンとヴァイオリニストの関係は、たんなる楽器と演奏者というだけではない。ときには演奏者の肉体の一部となり、ときには演奏者の運命を変えてしまうことさえある。その官能的な音色のせいか、甘美なプロポーションのせいか、または宝石のような希少性のためか、ヴァイオリンには人を酔わせ、狂わせる魔性のようなものがつきまとう。

ヴァイオリンは、不思議な楽器である。

この楽器を構造的にみれば、約三十の木材を主な材料とする部品によって組み立てられただけの、いわばシンプルな楽器である。ところが、十六世紀から十八世紀にかけて、北イタリアのクレモナという小さな街に工房を構えた、ごくわずかな職人たちが作った一群のヴァイオリン（いわゆるクレモナの名器たち）を凌駕する楽器が、三世紀を経たいまも誰にも作れないというのだ。あらゆる科学が進歩した現代という時代に、そんなことがあるのだろうか。

他の多くの楽器たちとは違い、ヴァイオリンは長い時間を経て改良と熟成を重ねた楽器ではない。ある日突然、ほぼ完成した形でこの世に誕生した。まるで天から降りてきたかのような不思議な楽器。だが、ヴァイオリン製作の黄金時代は、二世紀も続かなかった。ヴァイオリンの聖地としてのクレモナの隆盛も、ストラディヴァリの弟子たちがいなくなると、まるで火が消えたように失われてしまう。ごく一部の名工たちだけが製法の秘密を知り、いまだに誰もその秘密を解き明かせないヴァイオリンの謎。こうなると、楽器の話というより、もはやミステリーである。ただ、関係者にとってはミステリーなどといっては済まされない。楽器職人や研究者など、あらゆる分野の専門家が、クレモナの名器の秘密に挑むべく、楽器のプロポーション、使用された材料から、表面のニスに至るまで、綿密な研究や科学的な分析を行ってきた。ところが、現代の最先端テクノロジーを駆使しても解き明かせない神秘が、この小さな楽器にはまだいくつも秘められているのだ。

ふたりの天才

ヴァイオリンの歴史を綿密に描こうとすれば、この小さな本の一章どころか、一冊の本でも書き尽くせないほどだが、ここではごく大ざっぱに、この楽器が誕生した背景をふりかえっておきたい。

前項に、ヴァイオリンは、ある日突然、ほぼ完成した形でこの世に誕生したと書いたが、まずは、その誕生に関わった人物についてである。

「ヴァイオリンは職人たちが創り出したものではなかった。これは疑いなく同じ頃に仕事をしていた一人またはそれ以上の天才が創り出したものである」

これは、ヨーゼフ・ヴェクスバーグの『ヴァイオリンの栄光』という本にある言葉だ。

では、その天才とは誰か。ふたつの名前が挙げられる。アンドレア・アマティと、ガスパロ・ディ・ベルトロッティ（通称ガスパロ・ダ・サロ）である。

アンドレアは、一五一〇年頃にクレモナで生まれ、ガスパロは、それから約三十年後の一五四〇年頃に北イタリアのブレシア、ガルダ湖畔のサロで生まれた。どちらも現在のイタリア・ロンバルディア地方の楽器職人である。おまけに、ふたりが構えた工房の場所は、たった五十キロしか離れていない。ところが、ふたりの作る楽器は、似たような形状ではあっても、その性格はまったく異なっていた。

現存する最古のヴァイオリン（一五六五年頃）の製作者として知られるアンドレア・アマティは、ヴァイオリン・デザインの発明者といわれるだけあって、美しいニスで仕上げられたその楽器としての完成度は完璧で、まったく隙がない。「アンドレア・アマティは、現代のヴァイオリン・デザインの栄誉を一身に担うべき人である。一〇〇年以上ものちにアントニオ・ストラディヴァリが細部に僅かな改良を加えたことを除けば、彼のヴァイオリンは実のところ、現代のヴァイオリンそのものだった」（エドモンド・フェローズ）という後世の評価がそれを物語る。

次に、ガスパロ・ダ・サロである。彼の楽器は、暗い色で優雅さがなく、形状は頑丈であったが、何よりも「鳴りのよさ」がずば抜けていた。そこには現代にも通じる楽器としてのポテンシャルが秘められていた。彼が一五七〇年代に作ったヴァイオリンが現存しているが、その響きはいま聴いても、作られて四五〇年を経たとは、とても信じられないほど力強く、驚くほど豊かである。

静のアマティと、動のガスパロ。この対照的なふたりの天才職人が、まるで光と影のように、この偉大な楽器に比類なき生命力を与えたのだ。

神の視点から人間の視点へ

ところで、ヴァイオリンは、なぜイタリアで誕生したのだろうか。

イタリアという地域がヨーロッパ文化、芸術にはたした役割の大きさはあらためていうまでもないが、ヴァイオリンという近代西洋音楽の象徴的な楽器がイタリアの地で誕生したのも、決して偶然ではない。

歴史史料にはじめて「ヴァイオリン」ということばが登場するのは、一五二三年。現在のフランス南西部からイタリア北部を領有していたサヴォワ侯爵家の宮廷記録に「vyolon」という文字がみられるのが、最初と考えられている。

また、「ヴァイオリン」のイタリア語に相当する「イル・ヴィオリーノ」という名称がはじめて史料に登場するのが一五五一年。ここから、ヴァイオリンは、十六世紀前半から中頃にかけて誕生したと考えられる。

そのころのイタリアは、ルネサンス末期である。フィレンツェにカメラータと呼ばれた歴史的な音楽研究グループが結成されたのが、十六世紀後半。音楽の分野にルネサンス運動の影響が顕著に現れはじめるのもこの時期だ。

イタリア半島からヨーロッパ全土に広がったルネサンス運動は、かつて日本では「文芸復興」などと解されてきたが、あらためて眺めてみると、そんななまやさしいことばで表現できるものではないことがわかる。その背景にあったのは、中世までの「神の視点」から「人間の視点」への劇的な転換である。それが、文学や美術、音楽など表現芸術に決定的な変革をもたらしたのだ。

ルネサンス運動は、ヨーロッパが暗黒の中世から近世への扉を開く「眼」を獲得する運動でもあった。神の視点から人間の視点への転換は、ルネサンス絵画の象徴的な技法である遠近法をみればわかる。それまでの絵画が、平坦に平等にすべてを見通すという、いわば神の視点で描かれていたのに対し、遠近法による絵画は、近くのものは大きく、遠くのものは小さくという、人間の視点によって描かれているからだ。

そもそも、絵画とは「世界の見え方」の表現でもある。歴史的絵画とは、その時代に世界がどう見えたかが描かれているともいえる。遠近法の発明は、人間が自らの視点で世界を見ることができるようになったということを意味している。

では、それ以前、つまり中世の人々は、どのような「眼」で世界を見ていたのか。教会の社会規範に縛られていた中世の人々は、自身の感情や理性ではなく、教会というフィルターを通した眼でしか、世界を見ることができなかった。

感情や理性は、すべての人間にふつうに備わっているものと、現代では考えられているが、カトリック教会の教えが社会規範だった中世ヨーロッパでは、感情も理性も、まだ人間のものではなかった。

たとえば、人間のもっとも気高い感情とされる「愛（amour）」は、神に対する感情であり、人に対する感情ではなかった。いまでも、「情愛（affection）」など、西洋のことばに愛情を表現するためのいくつもの単語があるのは、そのためでもある。

「創造」もまた、人に備わっているものではなかった。無から創造できるのは神の属性であって、人間は何も創造できず、ただ「創作」ができるだけと考えられた。

たとえば、中世の宗教音楽は、神の作品であって人間の作品ではなかった。音楽は人間が作曲したのではなく、神の意思が人を通して現れたと考えられていた。つまり、まだ創造者としての「作曲家」という概念は存在していなかったということになる。

時間も、空間も、すべては神のものであった。だから、神のものである時間を盗んで利息を稼ぐ金貸しが神への冒瀆とされて禁止され、ガリレオ・ガリレイが地動説を唱えて罰せられたのも、神が創造した大地が太陽のまわりを回るなど神への冒瀆だと考えられたからだ。

しかし、やがて宗教闘争に明け暮れ、腐敗し疲弊した教会権力が弱まり、俗と聖の権力バランスが崩れると、ようやく教会から解き放たれた感情と理性は、まるで縦糸と横糸のように多彩に絡み合いながら、新たな時代を織りあげていく。それが、ルネサンスという時代の特徴だ。

感情の楽器

つまり、ルネサンスは、人間が感情と理性を獲得するための運動でもあった。ルネサンスの意味する「再生」とは、感情の再生であり、理性の再生でもあったのだ。

音楽が神の視点で書かれたものから、人間の視点で書かれるものになったとき、音楽は、神の作品から人間の作品となる。たとえ神を讃える音楽ではあっても、それはもはや人から見た神であり、人にとっての神となるのだ。

そこで誕生した楽器が、ヴァイオリンである。ルネサンスという世界観の転換なくしては、この楽器は生まれなかった。なぜなら、ヴァイオリンは、はじめから人の声を模倣し、人間の感情を表現できる楽器として運命づけられていたからだ。

弦楽器属のなかでも、ひときわ広大な音域と表現力を兼ね備えたヴァイオリンは、それまでの弦楽器が、主に声楽の伴奏として、すなわち人が歌う声の伴奏としての役割しか与えられなかったこととは対照的に、卓越した高度な運動性と表現力というポテンシャルを与えられた「感情の楽器」であった。

ヴァイオリンの登場とヴァイオリン属というさまざまな音域を持つ同属楽器の完成によって、はじめて人間の合唱（ソプラノ、アルト、テノール、バス）に匹敵する音量と音質の微妙なニュアンスを、弦楽器だけで表現できるようになる。

この弦楽合奏が、近代オーケストラの主役として決定的な役割を演じることになるのは、あらためて強調するまでもないだろう。

そして、ヴァイオリンの普及もまた、ルネサンスと連動している。歴史的なムーブメントとしてのルネサンス運動がヨーロッパに波及していくなかで、ヴァイオリンの需要も劇的に高まっていくからだ。そのスピードは驚異的で、イギリスやフランスなどの宮廷から次々と舞い込む注文によって、ブレシアとクレモナという北イタリアのヴァイオリン二大産地は繁栄し、たちまちヴァイオリンはヨーロッパ諸国に浸透し、その製作技術はアルプスを越えて各国にもたらされる。

とかく見過ごされがちだが、ヴァイオリンの躍進の背景には、それを産業として支えた膨大な需要があった。その意味で、ヴァイオリンの真の生みの親は、ルネサンスという時代そのものだったともいえるのだ。

ルネサンス・テクノロジーの結晶

この章のはじめにも書いたが、構造的には、ヴァイオリンは約三十の木材を主な原材料とする部品によって組み立てられただけの、いうなればシンプルな楽器である。

ヴァイオリンの前身としては、アラビアのラバーブ、十五世紀のスペインやフランスで用いられた梨形のレベック、ゴート族のフィドル、イギリスのクルース、フランスのヴィオル、イタリアのヴィオラなどがある。これらの楽器は、すべて弓を用いて演奏する弦楽器で「擦弦楽器」とよばれる。中国の二胡やモンゴルの馬頭琴もこの仲間だ。

では、これらの楽器とヴァイオリンを構造的に隔てているものは何か。つまり、ヴァイオリン属だけにみられる身体的特徴とは何か。ごく大ざっぱにいえば、楽器の表板と裏板がカーブを描いていること（アーチング）と、表板の左右にある「f」字形の響孔（サウンドホール）があることだ。

これらの特徴によって、ヴァイオリンは、それまで登場したどの擦弦楽器にもない独特の音響特性と、楽器としての驚異的な耐久性を得ることになった。

考えてみれば、四世紀前に作られた小さな楽器が、改良はあったにせよ、現代の一〇〇〇人を収容できるコンサートホールで、一〇〇名のオーケストラをバックに堂々と演奏できるのは、驚異以外の何ものでもない。たとえは悪いが、四世紀前の大工が作った木製の粗末な馬車が、最新鋭のテクノロジーを駆使したF1カーとサーキットで互角以上に戦うようなものだ。

だが、ヴァイオリンを生んだルネサンス期は、近代科学史が大きく華開いた時代でもあった。たったいま木製の粗末な馬車などと書いてしまったが、ヴァイオリンは、数学、物理学、音響学など、ルネサンス期の科学的叡智と、木材の吟味、加工など自然素材にかんする職人の叡智を駆使した、当時の最先端テクノロジーの結晶でもあったのだ。

たとえば、精妙な曲線を描く輪郭と、プロポーションの絶妙さ、渦巻きと呼ばれるネック先端のフィボナッチ数列を思わせるような螺旋を眺めただけでも、この楽器がいかに精緻に計算され、熟練した職人芸と科学者の精緻な眼力によって作られているかがわかる。

ルネサンス期は、科学の時代でもあった。ヴァイオリン製作の頂点を極めたアントニオ・ストラディヴァリの、わずか二歳違いの同時代人に、万有引力の法則を発見した近代科学の父アイザック・ニュートンがいたことを忘れてはならない。

もうひとりの近代科学の父と呼ばれるガリレオ・ガリレイもそうだが、かのレオナルド・ダ・ヴィンチにしても、人体解剖や軍事技術から楽器製作、都市開発まで、当時の芸術家たちの守備範囲はじつに広い。たんなる現代的な意味での芸術家というよりも、当時の最新テクノロジーに精通したサイエンティスト&アーティストと考えたほうがよりふさわしい。そして、その称号は、クレモナの名工たちにも与えられるはずだ。

気まぐれな天才が作った名器

東日本大震災の衝撃が日本をまだ震わせていた二〇一一年六月。ある一挺のヴァイオリンがネットオークションに出品された。震災地の復興を支援するために、所有者の日本音楽財団が売却を決意したのだ。驚くべきはその落札価格だった。八七五万ポンド

（約十二億円）という途方もない金額が、たった一挺のヴァイオリンに付けられたのだ。十二億円！　それも数百年も前に作られたヴァイオリンに、である。

この話題が世間を騒がせたのは、とりもなおさずその破格な金額にあったが、それから年月を経ても、その価値は下がるどころか、さらに高騰を続けている。名の知れた名器だと、いまや十五億円はくだらないとさえいわれている。

アントニオ・ストラディヴァリ。このヴァイオリンの製作者であり、ヴァイオリンの最高峰に位置づけられるクレモナの名匠のシンボル的な存在でもある。彼が製作した楽器は、その内部に貼付されたラテン語のラベルから、「ストラディヴァリウス」と呼ばれている。

ところが、そのストラディヴァリウスをも凌駕するといわれるヴァイオリンが、ごくわずかだが存在する。「グァルネリ・デル・ジェス」と呼ばれる。製作者は、バルトロメオ・ジュゼッペ・アントニオ・グァルネリである。

なぜ、このグァルネリ作のヴァイオリンが、「グァルネリ・デル・ジェス（イエスのグァルネリ）」と呼ばれるかといえば、彼のヴァイオリンには、胴体のなかに「ＩＨＳ」と刻まれたラベルが貼られていたことに由来する。ＩＨＳとは、イエズス・ホミヌム・

サルヴァトールの略で、人類の救世主としてのイエスという意味である。ここから、彼のヴァイオリンは、イエスのグァルネリ、つまり、グァルネリ・デル・ジェスと呼ばれるようになったというわけだ。

バルトロメオの父親ジュゼッペもヴァイオリン製作者だったので、彼の家系をまとめてグァルネリ一族などと呼ばれるが、これは、前述のストラディヴァリも同じで、当時はヴァイオリン製作者も音楽家も、家業である場合が多かった。

ストラディヴァリに遅れること約半世紀後に生まれた、このグァルネリただひとりが、ヴァイオリンの頂点ともいうべきストラディヴァリウスを超えたというのも凄いが、ただ、それも彼の楽器すべてがそうだったわけではなく、ごくわずかの奇跡の傑作とも呼ぶべき何挺かのヴァイオリンだけが、そう評価されている。

そのなかの一挺が、パガニーニの生涯の伴侶ともいうべき愛器「カノーネ」である。

職人肌でまじめなストラディヴァリに対して、グァルネリは天才肌の気まぐれな性格で、狂ったようにヴァイオリン製作に打ち込むかと思えば、普段は酒飲みで女癖も悪く、怒りっぽくわがままだったという。同業者のヴァイオリン職人を喧嘩で殺したというエピソードや、製作現場でも一匹狼で、彼の仕事を手伝っていたのは妻のカテリーナだけだったという説もある。

職人の鑑ともいえる仕事一途のストラディヴァリは、厳格で温厚な性格で、九十年を超える生涯のなかで、彼の工房からは二〇〇〇挺もの楽器が製作されたといわれるのとは対照的に、グァルネリが製作したヴァイオリンは、彼自身が短命だったせいもあるが、生涯にせいぜい一〇〇挺から多くても二〇〇挺程度だったと考えられている。

ストラディヴァリのヴァイオリン製法が、その生涯に幾度かの改良を加えながらも、終始綿密な彼独自のスタイルに貫かれていたのに対し、グァルネリの製法は、まさに自由奔放。一挺一挺がまったく異なっていて、よくみるとばらばらで一貫性がない。たとえば、ふつう製作者はヴァイオリン本体のプロポーションをできるだけ左右対称に作ろうとするが、グァルネリはそれにもこだわらない、というふうに。にもかかわらず、不思議と全体のバランスは絶妙で、生命力があふれ、ラインには躍動感がある。このようないっけん自由奔放でありながら、しかも天衣無縫の卓越した技が、彼の天才たる所以だろう。

このグァルネリの面影が、やはり荒くれ者で乱闘騒ぎを起こし、短命のうちに世を去ったルネサンス後期が生んだ天才画家カラヴァッジオのイメージと、なぜかぼくには重なってしまう。

愛器が「大砲」と呼ばれた理由

そのイエスのグァルネリをこよなく愛し、その名を世に知らしめた天才ヴァイオリニストが、キリスト教会からは異端者の烙印を押され、悪魔と呼ばれたというのも、考えてみれば皮肉なものだ。

パガニーニは、晩年にはヴァイオリンのコレクターとして、ストラディヴァリウスなどの名器の蒐集にもエネルギーを注いだが、彼自身が演奏する楽器としては、「カノーネ」と名付けたグァルネリ・デル・ジェスをけっして手元から離そうとはしなかった。

この楽器は、グァルネリが、その死の前年（一七四三年）に製作した晩年のマスターピースの一挺で、これを弾いたパガニーニが「まるでカノーネ（大砲）のようだ！」と、その迫力ある豊かな音に驚嘆したことから、この愛称で呼ばれるようになったいわくつきの楽器である。おそらく、現存する歴史的ヴァイオリンのなかでも、名器中の名器であることは間違いない。

パガニーニとその愛器「カノーネ」との出会いには、こんなエピソードがある。

一八〇〇年の秋、パガニーニがヴァイオリニストとして自立しようとしていた時期、彼がまだ十八歳にもなっていなかったころ（一八〇二年説もあり）のことだ。

トスカーナ地方のリヴォルノに滞在していたパガニーニは、公演の前日に賭博で負け、全財産と愛器のヴァイオリンまでスッてしまう。そこに、一挺のヴァイオリンを手にひとりの男が現れる。ピエール・リヴロンというフランス生まれの商人だった。

リヴロンは、彼が所有するグァルネリ・デル・ジェスを、ぜひ演奏会で使用してほしいという。パガニーニが承諾して試しに弾いてみると、あまりの素晴らしさに驚嘆する。演奏会は大成功。圧倒的な名演に感激したリヴロンは、このヴァイオリンを「一生愛用すること」を条件に彼に譲った。以後、パガニーニはこの楽器を生涯手離すことなく、ずっと演奏し続けた、というエピソードである。

パガニーニの死後も現役

「カノーネ」と名付けられたこのヴァイオリンは、パガニーニの死後約十年後の一八五一年七月、遺児アキーレによって故郷ジェノヴァ市に寄贈された。「他人に譲渡、貸与、演奏をさせない」というパガニーニの遺言は、当初は守られたが、弾かれないまま放置された楽器の老朽化や虫喰いに頭を痛めた市当局は、一九〇八年に定期的な保存状態のチェックと、ごく限られたヴァイオリニストによる演奏を決断した。

その最初の演奏者に選ばれたのが、二十世紀を代表する巨匠のひとり、ブロニスラフ・フーベルマンであった。ようやく封印が解かれた歴史的名器の世紀の瞬間だけに、警備態勢は物々しく、カノーネを手にしたフーベルマンの周囲を、武装した軍隊が取り囲むという異様な光景だったという。

その後、カノーネは一九三七年の大規模な修理を経て現在にいたるまで、結果的にはパガニーニの遺言に背くかたちで、貸与と演奏がなされている。

現在、カノーネの実演にふれる機会は、パガニーニ国際ヴァイオリンコンクールの優勝者による公開演奏など、ほとんどがジェノヴァ市内の行事に限定されているが、この楽器による録音は、イタリアのヴァイオリニスト、サルヴァトーレ・アッカルドによる『パガニーニ：ヴァイオリン協奏曲全集』（ＥＭＩ盤）などいくつかあるので、興味のある方は他の楽器の音と聴き比べてみるのもおもしろいと思う。

この楽器を何度も演奏したイタリアのヴァイオリニスト、ウート・ウーギによれば、カノーネは「まるで十挺のヴァイオリンを一緒にしたような力強さをもった楽器」だという。「手を置いただけで、ヴァイオリンが独りでに鳴り出す感じだった」とも彼は語っている。

ヴァイオリンと奏者の関係は、たんなる演奏者と楽器というだけではない、ときにミステリアスな絆を感じさせる。ヴァイオリニストはいうまでもないが、蒐集家、愛好家など、ヴァイオリンをこよなく愛する人の多くが、あたかも心があり、血が通った生き物であるかのように、この楽器のことを語る。

たとえば、ある人は、海峡を渡るときの潮風が楽器の音に影響するどころか、ヴァイオリンが船酔いをすること、それは二週間も快復しないと平然と語るし、ある人は、屋外に陽射しがあふれる日に、陽を浴びた楽器がもっともうれしそうに鳴ってくれると信じている。

楽器との相性は、いうまでもないがとても重要で、どんなに素晴らしい名器でも、相性が悪ければ奏者に違和感が残るし、いかなる名手でも楽器はうまく鳴ってくれない。そのような話を、多くのヴァイオリニストから聞いたり、本で読んだりしているうちに、ヴァイオリンと特に縁はなかったはずのぼくにも、パガニーニのヴァイオリンとの出会いは、まるで運命であるかのように感じられたのだった。

カノーネ訪問記

ぼくがパガニーニのヴァイオリンを間近に見たのは、「はじめに」でも書いたとおり、この本を執筆することが決まってからだった。仕事でカンヌ、ニース、モナコなど地中海の各都市を巡る合間を縫って、ジェノヴァまで足を伸ばそうと決めたのだった。

休日一日をかけて、フランスから地中海沿いにクルマを走らせて国境を越え、ジェノヴァに入る計画だった。前日はレモンの産地として有名なフランスのマントンに宿泊した。ここからジェノヴァまで、クルマなら高速道路を使って二時間ほどである。

五月とはいえ、地中海の紺碧の海と太陽は、もう真夏の輝きだ。ジェノヴァは、かつてアドリア海のヴェネツィアと地中海の覇権を競った地中海有数の海運都市だけあって、国際フェリー級の大型船舶が停泊する広大な港から、小高い丘に沿って広がる旧市街を望む壮大な眺めは、まるで翼を広げた巨鳥のようだった。

パガニーニのヴァイオリンは、現在、ジェノヴァ市庁舎となっているトゥルシ宮殿に保管、展示されている。宮殿がある旧市街のガリバルディ通りは、十六世紀から十七世紀にかけて整備された「レ・ストラーデ・ヌオーヴェ（新しい街路群）」のひとつで、当時の富裕な貴族たちの宮殿が数多く立ち並ぶ壮麗な界隈だ。海運国家ジェノヴァの栄華の名残を留める名所でもあり、世界遺産にも登録されている。現在、トゥルシ宮殿、赤の宮殿、白の宮殿の三つの建物をあわせて、ストラーダ・ヌオーヴァ美術館と呼ばれているのもこれに由来する。

市庁舎であり美術館でもあるという複雑な構造のせいか、目指すパガニーニのヴァイオリンが展示されているはずの部屋が、なかなか見つからない。通りすがりの役人風の人に訊いたりして、ようやく部屋の入り口に辿り着いた。

重厚な扉を押し開けてなかに入ると、部屋の中央、柱状の特製展示ケースに、目指すヴァイオリンは収められていた。その愛称「カノーネ（Cannone）」の大きな文字とともに。

二十畳ほどだろうか。さほど広くないサロン風の部屋には、ほかにもう一挺「シヴォリ」と命名されたカノーネの複製（レプリカ）が展示されている。第四章でもふれたが、「シヴォリ」は、パガニーニの弟子シヴォリにちなんだニックネームだ。この楽器は、フランスの歴史的なヴァイオリン製作者ジャン・バティスト・ヴィヨームの作である。

そのほか、この部屋には、ガラスケースに収められたパガニーニと刻印されたヴァイ

パガニーニの愛器「カノーネ」(著者撮影)

オリンケース、チェス盤、楽譜、勲章、懐中時計など、いくつかの遺品が展示されている。時折、見物客が入ってくるが、がらんとした印象のせいか、すぐに出て行ってしまう。誰もいない、しんと静まりかえった部屋で、ずいぶん長いときを過ごした。

まるで無言のパガニーニと対話するような、不思議な時間だった。

精巧なレプリカ

パガニーニの愛器カノーネの精巧なレプリカ「シヴォリ」の誕生については、このようなエピソードがある。

一八三四年、パガニーニがパリのヴィヨームの工房に、愛器カノーネの修理を依頼したときのこと。しばらくして楽器を受け取りに行くと、ヴィヨームは二挺のまったく同じヴァイオリンを差し出した。パガニーニは目を見張る。どこからどうみても、ふたつとも自分が預けたカノーネそのものだったからだ。ヴィヨームは、修理のために預けたわずかな期間で、カノーネの精巧なコピーを作ってしまったのだ。

パガニーニが弾き比べてみても、その二挺はほとんど見分けが付かなかった。一説には、パガニーニがカノーネと判断した方が、じつはレプリカだったとある。つまり持ち主ですら間違えてしまうほどの出来映えだったというわけだ。

　そのレプリカを持ち帰ったパガニーニは、のちにこの楽器を弟子のシヴォリに譲った。シヴォリは、師匠から譲り受けたこの楽器を生涯演奏し続けたという。

　このふたつの楽器には、こんなエピソードもある。パガニーニが世を去ってしばらく経ったあるとき、シヴォリのもとに、パガニーニの偉業を讃えるために、彼の愛器カノーネを演奏してほしいというジェノヴァ市からの依頼が舞い込む。

　演奏会当日の朝、役人がカノーネをシヴォリの自宅に届けてきた。夕刻、彼はパガニーニのヴァイオリン・ケースに、自分のヴァイオリンを入れて演奏会場に向かった。悩んだあげく、彼は師のカノーネではなく、自分の手に馴染んだ「シヴォリ」を弾くことにしたのだった。

　演奏会場を埋め尽くした観客とジェノヴァ市の関係者たちは、パガニーニが愛用した名器の「音」に酔いしれ、惜しみない拍手を送った。それが精巧なレプリカの「音」だったとは、誰ひとり気付かなかったらしい。その後、楽器を引き取りに来たジェノヴァ市の役人に、シヴォリは真相を打ち明けたのだろうか。気になって調べてはみたが、残念ながらその結末まではわからなかった。

夢のクヮルテット

パガニーニの死後、遺品のなかにはクレモナの選りすぐりの名器ばかりの膨大な弦楽器コレクションが遺されていたことは、すでに第五章でふれたが、演奏活動から引退したのち、パガニーニがその死を迎えるまで心血を注いだのは、ヴァイオリン、ヴィオラ、チェロなど弦楽器の名器の蒐集だった。

「このような名器たちは、いくら持っていても充分すぎるということはない」と、彼は晩年の手紙にも書いているが、ヴァイオリンという楽器には、専門家でなくても惹き付けられる魔力のような魅力があって、すでに、当時ストラディヴァリウスなどの名器は高値で取引されていたし、蒐集家と呼ばれる人々も多数いた。

パガニーニのコレクションは、さすがに当代一流のヴァイオリニスト、しかも資産家だけあって、見事なものだった。そのなかでも、とっておきの逸品がある。「パガニーニ・クヮルテット」と呼ばれる四挺の楽器たちだ。

ハイドンなどが活躍した古典派の時代から、理想の室内楽編成といわれた弦楽クヮルテットは、ヴァイオリン二挺、ヴィオラ、チェロ各一挺の計四挺で編成されるが、それを同じ作者の楽器、しかも名器中の名器ストラディヴァリウスで揃えるというのは、蒐集家の見果てぬ夢でもある。

パガニーニも、その夢を追いかけた。そして、見事に実現させたのだ。

このコレクションの実現が困難な理由は、ひとりの楽器職人が、バランスよく三種(ヴァイオリン、ヴィオラ、チェロ)を製作するとは限らないからだ。

たとえば、彼の愛器カノーネの製作者グァルネリは、最初の楽器を三十歳過ぎて世に出してから、四十六歳で亡くなるまで、わずか十五年程度の製作期間だったこともあって、製作総数は多くても二〇〇挺と考えられているが、そのなかにヴァイオリン以外の弦楽器は一切含まれていない。

一方、アントニオ・ストラディヴァリが生涯に製作した楽器は、二〇〇〇挺ともいわれるが、そのほとんどはヴァイオリンであり、現存するヴィオラは、わずかに十八挺、チェロは二十一挺(Bフォームと呼ばれる現在のチェロ・サイズの基準になったもの)が確認されているだけだ。

パガニーニがようやく探し求めていたストラディヴァリのヴィオラを入手できたのは、一八三二年のことだった。のちに「パガニーニ」と呼ばれることになる一七三一年製のこの楽器は、イギリスの銀行家で蒐集家のステファンソンが所有していたものだった。

　これを手に入れたとき、パガニーニは作曲家のベルリオーズに「驚くほど美しいストラディヴァリのヴィオラを手に入れた。これを公開の場で弾きたいが適当な曲がないので、何か作曲してもらえないだろうか」と依頼して完成した曲が、ヴィオラ独奏付きの交響曲『イタリアのハロルド』である。パガニーニはこの曲のヴィオラ独奏があまりにも地味で気に入らず、結局一度も演奏することはなかった。

　パガニーニがストラディヴァリのチェロを入手したときは、彼の代理人として楽器の買付を任されていたイタリアのヴァイオリニスト、ヴィンチェンツォ・メリーギに宛てた一八三九年三月二十日付の手紙に「美しいチェロを受け取り、うれしい限りです。これはストラディヴァリのヴァイオリンとともに肌身離さず保管します。これでようやくクヮルテットが完成します」と書いた。ようやく四挺ともストラディヴァリのクヮルテットを完成できたときの彼のよろこびは、さぞや大きかったことだろう。

「パガニーニ・クヮルテット」は、一六八〇年製「ディセント」、一七二七年製「サラブエ」の二挺のヴァイオリンと、前述のヴィオラ「パガニーニ」（一七三一年製）、チェロ「ラーデンブルク」（一七三六年製）の四挺で構成されているが、注目すべきは、二挺のヴァイオリンの製作年に大きな隔たりがあることだ。

ストラディヴァリが独立してアトリエを構えた最初期の「ディセント」と、晩年に近い「サラブエ」の二挺のヴァイオリンは、製作年の違いもさることながら、音の性格が全く異なる。この個性の違いが、第一・第二ヴァイオリン各々の表現力の個性を際立たせている。ヴィオラはパガニーニが蒐集したストラディヴァリウスのなかでも、とくに愛した楽器といわれ、チェロは、ストラディヴァリが死の前年に完成させた最後のチェロで、絶頂期の傑作と評価されている。

このクヮルテットは、パガニーニの死後、一時離散してしまうが、エミール・ハーマンという歴史的ディーラーの懸命な努力で買い戻され、ある裕福な婦人が買い取ってワシントンのコーコラン美術館に寄贈した。このときから「パガニーニ・クヮルテット」と呼ばれて四挺が同時に使用されるようになり、一九六四年から九四年まで、アメリカ合衆国のクリーヴランド弦楽四重奏団に貸与された。

一九九四年、日本音楽財団がこれを一五〇〇万ドルで購入し、東京クヮルテットに永年貸与されていたが、同団の解散により、いまはオーストリアのハーゲン・クヮルテットに貸与されている。

ヴァイオリンとその同属楽器による究極のクヮルテットを！　というパガニーニの夢を継ぐ者たちによって、この四挺は、いまも別々に演奏されることはない。パガニーニが描いた夢は、時代を越え国境を越え海を越えて、いまも「パガニーニ・クヮルテット」に受け継がれている。

おわりに

現代は、パフォーマンスの時代である。クリエーションよりも、パフォーマンスがもてはやされる。何を「つくるか」ではなく、何を「どうみせるか」に価値がある。そういう時代といえる。

たとえば、コスト&パフォーマンスという価値観が威力を発揮する社会。たとえば、劇場型といわれるパフォーマンス政治が幅をきかせる社会。ここでは、クリエーターと呼ばれる人々でさえ、クリエーションよりパフォーマンスに神経を尖らせる。

政治や経済の世界だけではない。一般にクリエーティヴな分野と思われている企画や広告の世界も例外ではないし、クリエーティヴとイコールとみられているアートの世界でさえそうだ。

たとえば、クラシック音楽の世界で、現代の音楽家といって誰もが思い浮かべるのは、パフォーマー（演奏家）である。クリエーター（作曲家）ではない。歴史的な大作曲家はともかく、現代の作曲家たちは、演奏家たちが華やかなステージでスポットライトを浴びることに比べれば、注目されることの少ない日陰の身といっていい。新聞や雑誌でコンサートが論じられるのは、もっぱらパフォーマンスの善し悪しであり、聴衆の喝采を浴びるのはつねにパフォーマンスのすばらしさに対してだ。つまり、現代は、パフォーマンスがクリエーションを覆い隠している時代でもあるのだ。

かつてはそうではなかった。クリエート、すなわち「創造する」ことに価値があると考えられた時代もあった。十八世紀から十九世紀にいたる近代西洋音楽の全盛期は、クリエーターだけが巨匠として名を残すことができた。バッハも、モーツァルトも、ベートーヴェンも、ショパンも、すぐれたパフォーマーでもあったが、それは偉大なクリエーターだからこそのパフォーマンスであり、それゆえに彼らは「巨匠」と呼ばれたのだ。ところが、その巨匠たちの時代に、たったひとりの異端児が登場する。それが、この本の主人公パガニーニである。

彼が西洋音楽史に名を刻んだのは、何よりも圧倒的なパフォーマンスゆえだ。作曲家としての彼の作品が後世に与えた影響もはかりしれないが、それでも、彼のヴァイオリニストとしてのパフォーマンスが、社会そのものに与えた衝撃的なインパクトとは比較にならない。

いまから二〇〇年もまえに、悪魔というアイコンを自らのブランディング戦略に活かし、その名声だけでなく悪評をも自身のブランド価値を高めるために利用し、かつてどの音楽家もなしえなかった莫大な富と名声を築いたひとりのパフォーマー。

芸術とは創造であると考えられていたような時代にあって、その悪魔的なパフォーマンスが、社会現象ともいえる圧倒的な熱狂の渦に大衆までをも巻き込んだのは、彼がはじめてだった。というよりも、ひとりの演奏家が社会現象になるという、ビートルズやロック・スターにも通じる大衆文化の時代が、彼の登場とともに幕を開けたといえるのだ。

現代という時代そのものを覆い尽くす「パフォーマンス」の正体を見極めることは、誰にもできないかもしれない。ただ、時代の意味を問い、パフォーマンスの来歴を知るためにも、たんなる西洋音楽史の登場人物としてだけでなく、「パガニーニ」という名前は記憶されておくべきだ。このことは、もっと強調されてもいいと思う。

この本を書くために、国内外の数多くの文献を参照したが、学術書でないことや、紙幅の都合もあり、巻末の参考文献はパガニーニに直接関連する文献のみ記載するに留めた。あらかじめお断りしておきたい。

仕事仲間でもあるヴァイオリニストの小林美恵氏と渡辺玲子氏からは、ヴァイオリンの楽器や奏法について貴重なご教示を頂いた。おふたりとヴァイオリンの魅力を語り合ったひとときは忘れられない。

また、小林氏のご厚意でストラディヴァリウスの骨共鳴を体感したときは、名器のもつ凄まじい生命力とエネルギーに圧倒された。骨共鳴といっても、ヴァイオリニストのように楽器を肩の骨にあてて音を出すだけだが、骨から体内に浸透した音がすべての細胞を共鳴させ、まるで無数の細胞がシンフォニーを奏でるような、とてもことばには尽くせない貴重な体験だった。おふたりの素晴らしいヴァイオリニストに、心からの感謝と敬意を捧げたい。

前作に引き続き編集を担当してくださった新潮社の横手大輔氏にも、深く感謝したい。執筆が決まってから四年もの歳月を費やしてしまったが、たったひとことの催促もなく、思いのままに筆を遊ばせることができた。氏の編集者としての懐の深さに感服するとともに、よき編集者に巡りあえた書き手は、ほんとうにしあわせだと思う。

最後に、この本のためにお力添えいただいた多くの方々と、この本を手にしてくださったすべての方々に、心からの感謝を申し上げたい。

みなさま、ありがとうございました。

二〇一八年六月

浦久俊彦

略年譜　パガニーニの生涯

■神童時代

1782　10月27日、北イタリアの港湾都市ジェノヴァに生まれる。

1787　5歳。この頃、父からマンドリンを与えられる。

1789　7歳。おそらく、この頃からヴァイオリンをはじめる。

1791　9歳。ジェノヴァの教会で、はじめての公開公演。

1794　12歳。5月26日。ジェノヴァの聖フィリッポ・ネーリ教会で公式デビュー。「万人の称賛」を浴びる。

1795　13歳。9月、名ヴァイオリニストで作曲家のアレッサンドロ・ローラに師事すべく、父とともにパルマに旅立つ。

1796　14歳。フランスの名ヴァイオリニスト、ロドルフ・クロイツェルに出会う。このときの「まるで悪魔の幻影を見ているようだった」という彼の記述が、おそらくパガニーニが「悪魔」と呼ばれた最初の記録。

■ルッカ時代

1800　18歳。ヴァイオリニストとしてイタリア半島を拠点に活動をはじめる。フランスの商人リヴロンから、名器グァルネリ・デル・ジェスを譲り受ける。これが、パガニーニ生涯の伴侶ともいえる「カノーネ」である。

1801　19歳。ルッカの大聖堂などで数回の演奏会を開いた記録を残し、忽然と姿を消す。これからの数年間の消息は不明。「農園を経営し、毎日ギターを弾いていた」というのが、彼自身による唯一の証言。この頃、ギターとヴァイオリンのための作品を多数作曲。

1804　22歳。再びヴァイオリニストとして演奏活動をはじめる。ジェノヴァ、ルッカなどで演奏。

1805　23歳。ナポレオンの妹エリザ・バチョッキ、ルッカの大公妃となる。パガニーニ、宮廷楽団ヴァイオリン奏者に就任。

1807　25歳。2本の弦だけを使った『愛の情景』を初演。8月15日、ナポレオンの誕生日を祝して『ナポレオン・ソナタ』を初演。

1808　26歳。宮廷楽団は解散。パガニーニは、解散した宮廷楽団の代わりに設置された弦楽四重奏団のメンバーとなる。この年の終り、ナポレオン一家と訣別。

1810　28歳。この頃から、再び独立したヴァイオリニストとして活動をはじめる。

■イタリア半島時代

1813　31歳。10月29日。ミラノ・スカラ座でデビュー。ここから、イタリア半島を舞台にした本格的な演奏活動がスタートする。

1816　34歳。この頃、『ヴァイオリン協奏曲第1番』を作曲（1817年説もあり）。

1819　37歳。2～5月にかけてローマ（アルジェンティーナ劇場ほか）、6～9月にかけて初めてナポリ（フィオレンティーニ劇場ほか）に滞在し、2都市で16回以上の公演を行う。

1820　38歳。パガニーニ最初の出版作品『無伴奏ヴァイオリンのための24のカプリス』（作品1）を含む作品5までの作品が、ミラノのリコルディ社から出版される。作品2以降の内訳は、2つの『ギターとヴァイオリンのための6つのソナタ』（作品2、3。各6曲）、『3つのギター四重奏曲』（ヴァイオリン、ヴィオラ、チェロ、ギター。作品4、5。各3曲）。パガニーニの生前に出版された作品は、これがすべてである。

1821　39歳。2月、ローマで友人でもあったオペラ作曲家ロッシーニから新作オペラの指揮を依頼され、初演を成功させる。
1824 42歳。歌手アントニア・ビアンキに出会う。彼女はパガニーニの愛人となる。
1825 43歳。7月23日。息子アキーレ生まれる。
1827 45歳。4月25日。ローマ教皇レオ12世から黄金拍車勲章を授けられる。

■ヴィルトゥオーゾ時代

1828 46歳。3月16日。ウィーン到着。レドゥーテンザールでの初公演は、29日。パガニーニがはじめてイタリア半島の外で開く歴史的な演奏会であった。ウィーンの街はパガニーニに熱狂し、まさにパガニーニ一色に染まる。
1829 47歳。1月ドレスデン、3月ベルリン、5月ワルシャワ、8月フランクフルト、10月ライプツィヒなど、東ヨーロッパの各都市で公演を行う。
1831 49歳。3月9日、パリ・オペラ座でのデビュー公演。5月、イギリスに渡る。ロンドンでの初公演は、6月3日。ここからイギリスを中心とした怒濤のツアーがはじまる。
1834 52歳。6月17日、ロンドン王立劇場での公演を最後に「もうコンサートには疲れた」という言葉を残して、イギリスを去る。途中、パリに逗留したのち、故郷のイタリアに戻る。
パリの楽器製作者ヴィヨームの工房で、パガニーニの愛器カノーネの精巧なコピー「シヴォリ」（パガニーニの弟子シヴォリにちなむ）が作られる。

■晩年

1835　53歳。11月、ナポレオン皇后からパルマ公国女公となったマリー＝ルイーズから、ドゥカーレ劇場の監督に任命される。パガニーニはオーケストラ改革に着手するが、強引な人事が宮廷側と衝突し、翌年7月、自ら辞任する。

1836　54歳。パリでカジノ・パガニーニ計画が持ち上がる。この事業に出資したことで、泥沼の訴訟事件に発展し、のちに莫大な損失を招く。

1837　55歳。息子アキーレが裁判所より嫡出子と認められる。これによって、アキーレがパガニーニの遺産の正式な相続人となる。

1838　56歳。カジノ騒動の心労により、体調が極度に悪化。これ以降、彼は声を失い、筆談と息子アキーレの通訳がなければ、会話もままならなくなる。12月16日、パリでベルリオーズの演奏会に出席し、2万フランの小切手を贈る。

1839　57歳。4月、パリを離れ、南フランスの各地で療養生活を送る。9月、故郷のジェノヴァに戻るが、11月、太陽を求めて終焉の地ニースに向かう。これが、パガニーニの生涯最後の旅行となる。

1840　5月27日、午後5時。パガニーニ死去。享年57。

主要参考文献

外国語文献

ACCADEMIA NAZIONALE DI SANTA CECILIA, A cura di GRISLEY, Roberto. *Niccolò Paganini Epistolario Volume 1 1810–1831*. Skira editore, Milano, 2006

BACHMANN, Alberto. *An Encyclopedia of the Violin*. Da Capo Press, New York, 1966

BACHMANN, Alberto. *Les Grands violonistes du passé*. Fischbacher, Paris, 1913

BAILLOT, Pierre. *L'Art du Violon*. Depot Central de la Musique, Paris, 1834

BERRI, Pietro. *Il Calvario di Paganini*. Liguria, Savona, 1941

BERRI, Pietro. *Paganini Documenti e Testimonianze*. Sigla Effe, Genova, 1962

BOYDEN, David. *The History of Violin Playing from its Origins to 1761*. Oxford University Press, New York, 1965

CAMPBELL, Margaret. *The Great Violinists*. Granada Publishing, London, 1980

CARCASSI, Ugo. *Paganini, Afflizioni vizi e virtù*. Carlo Delfino Editore, Sassari, 2017

CODIGNOLA, Arturo. *Paganini intimo*. Edito a cura del municipio, Genova, 1935

CONESTABILE, Giancarlo. *Vita di Niccolò Paganini da Genova.* Vincenzo Bartelli, Perugia, 1851 (Adamant Media Corporation, 2003)

DAY, Lilian. *Paganini of Genoa,* The Macaulay Company, New York, 1929

DELBANCO, Nicholas. *A History of the Countess of Stanlein Ex Paganini Stradivarius Cello of 1707.* Verso, New York, 2001

FARGA, Franz. *Paganini Der Roman seines Lebens.* Albert Müller, Zurich, 1950

FETIS, François-Joseph. *Notice Biographique sur Nicolo Paganini suivie de l'analyse de ses ouvrages et précédée d'une esquisse de l'histoire du violon.* Schonenberger, Paris, 1851

HILL W.Henry etc., *Antonio Stradivari His Life & Work (1644-1737),* Dover Publications, Inc, New York, 1963

IOVINO, Roberto. ORAGES, Francesca. *Niccolò Paganini un genovese nel mondo.* Fratelli Frilli Editori, Genova, 2004

KAWABATA, Mai. *Paganini the "Demonic" Virtuoso.* The Boydell Press, Woodbridge, 2013

NEILL, Edward. *Nicolò Paganini.* Librairie Arthème Fayard, Paris, 1991

NEILL, Edward. *Paganini Il cavaliere filarmonico.* De Ferrari & Devega, Editoria e Comunicazione, Genova, 2004

PEDRAZZINI, Alberto etc., *Niccolò Paganini, Note di una vita sopra le righe.* Monte Università, Parma,

2014

PHIPSON, Thomas Lamb. *Biographical Sketches and Anecdotes of Celebrated Violinists*. Bentley, London, 1877

PREFUMO, Danilo. *Niccolò Paganini*, L'Epos, Palermo, 2006

POMELLA, Gioconda. *Nicolò Paganini. Note su un genio romantico*, De Ferrari & Devega, Editoria e Comunicazione, Genova, 2004

PROD'HOMME, J.G. *Nicolo Paganini A Biography translated by Alice Mattullath*. Carl Fischer, New York, 1911

PULVER, Jeffrey. *Paganini, The Romantic Virtuoso*, Herbert Joseph Limited, London, 1936

REY, Xavier. *Niccolò Paganini, Le romantique italien*. L'Harmattan, Paris, 1999

SAUSSINE, Renée de, *Paganini*, Hutchinson, London, 1953

SCHOTTKY, Julius Max, *Paganini's Leben und Treiben*, *Primary Source Edition*, Nabu Press, 2011

STENDHAL, *Vie de Rossini suivie des Notes d'un Dilettante*. Cercle du Bibliophile, Genève, 1968

STRATTON, Stephen Samuel. *Nicolo Paganini, His Life and Work*, The Strad, London, 1907

WECHSBERG, Joseph. *The Glory of the Violin*. The Viking Press, New York, 1972

日本語文献

『悪魔の歴史　12〜20世紀　西欧文明に見る闇の力学』ロベール・ミュッシャンブレ著、平野隆文訳、大修館書店、2003年
『ヴァイオリンの栄光』ヨーゼフ・ヴェクスバーグ著、野田彰訳、マルコ楽志堂、1984年
『ヴァイオリンの魅力と謎』佐々木庸一著、音楽之友社、1987年
『ヴィルトゥオーソの世界』マルク・パンシェルル著、横山一雄訳、音楽之友社、1967年
『音楽と病　病歴にみる大作曲家の姿　新装版』ジョン・オシエー著、菅野弘久訳、法政大学出版局、2007年
「音楽芸術──特集パガニーニにみる現代──没後150年記念」音楽之友社、1990年7月号
『音楽の悪魔　デーモンに魅入られた作曲家たち』喜多尾道冬著、音楽之友社、2001年
『楽器の事典　ヴァイオリン』今泉清暉ほか、東京音楽社、1992年
『小説パガニーニ』フランツ・ファルガ著、佐々木庸一・翠 共訳、音楽之友社、1970年
『ストラディヴァリウス　5挺のヴァイオリンと1挺のチェロと天才の物語』トビー・フェイバー著、中島伸子訳、白揚社、2008年
『ストラディヴァリとグァルネリ〜ヴァイオリン千年の夢』中野雄著、文藝春秋（文春新書）、2017年

主要参考文献

『誰がヴァイオリンを殺したか』石井宏著、新潮社、２００２年
『二十世紀の名ヴァイオリニスト』ヨーアヒム・ハルトナック著、松本道介訳、白水社、１９９８年
『ニューグローヴ世界音楽大事典』柴田南雄・遠山一行（総監修）講談社、１９９３〜95年
『名ヴァイオリニストたち』マーガレット・キャンベル著、岡部宏之訳、東京創元社、１９８３年
『錬金術とストラディヴァリ　歴史のなかの科学と音楽装置』トマス・レヴェンソン著、中島伸子訳、白揚社、２００４年

浦久俊彦　1961（昭和36）年生まれ。文筆家・文化芸術プロデューサー。サラマンカホール音楽監督。著書に『フランツ・リストはなぜ女たちを失神させたのか』『138億年の音楽史』がある。

Ⓢ新潮新書

775

悪魔《あくま》と呼《よ》ばれたヴァイオリニスト

パガニーニ伝《でん》

著　者　浦久俊彦《うらひさとしひこ》

2018年7月20日　発行

発行者　佐　藤　隆　信

発行所　株式会社新潮社

〒162-8711　東京都新宿区矢来町71番地
編集部(03)3266-5430　読者係(03)3266-5111
http://www.shinchosha.co.jp

印刷所　錦明印刷株式会社

製本所　錦明印刷株式会社

ISBN978-4-10-610775-7　C0273

新潮新書

547
フランツ・リストはなぜ女たちを失神させたのか
浦久俊彦

聴衆の大衆化、ピアノ産業の勃興、「アイドル化」するスターとスキャンダル……。その来歴に、19世紀という時代の特性が鮮やかに浮かび上がる。音楽の見方を一変させる一冊。

491
ピカソは本当に偉いのか？
西岡文彦

「あんな絵」にどうして高い値段がつくのか？　本当に上手いのか？　なぜ芸術家は身勝手な女性関係が許されるのか？　現代美術のからくりをあばく、目からウロコの芸術論。

709
ポピュリズム
世界を覆い尽くす「魔物」の正体
薬師院仁志

エリートとインテリを敵視し、人民の側に立つと称する「思想」が、なぜ世界を席巻するに至ったのか。橋下徹氏と対決した社会学者が、起源にまでさかのぼって本質をえぐり出す。

752
イスラム教の論理
飯山陽

コーランの教えに従えば、日本人は殺すべき敵であり、「イスラム国」は正しいイスラム教徒である――。気鋭のイスラム思想研究者が、西側の倫理とはかけ離れたその本質を描き出す。

748
外国人が熱狂するクールな田舎の作り方
山田拓

なぜ、「なにもない日本の田舎」の「なにげない日常」が宝の山になるのか？　地域の課題にインバウンド・ツーリズムで解決を図った「逆張りの戦略ストーリー」を大公開。